LA RÉPUBLIQUE

DE CICÉRON.

II.

LA
RÉPUBLIQUE
DE CICÉRON,

D'APRÈS LE TEXTE *INÉDIT*,

RÉCEMMENT DÉCOUVERT ET COMMENTÉ

PAR M. MAI,

BIBLIOTHÉCAIRE DU VATICAN.

AVEC UNE TRADUCTION FRANÇAISE.

UN DISCOURS PRÉLIMINAIRE
ET DES DISSERTATIONS HISTORIQUES,

PAR M. VILLEMAIN,

DE L'ACADÉMIE FRANÇAISE.

TOME SECOND.

PARIS,

L. G. MICHAUD, LIBRAIRE,

ÉDITEUR DE LA BIOGRAPHIE UNIVERSELLE, DES ŒUVRES DE DELILLE, etc.

PLACE DES VICTOIRES, N° 3.

M. DCCC. XXIII.

DE LA RÉPUBLIQUE.

LIVRE II.

M. TULLI CICERONIS

DE RE PUBLICA[1]

LIBER SECUNDUS.

—

I. U̇ᴛ omnes igitur vidit incensos cupiditate audiendi, ingressus est sic loqui Scipio : Catonis hoc senis est, quem, ut scitis, unice dilexi,

---

[1] Titulo subduntur in codice, ut lithographicum specimen docet, litteræ E I I E spatiis solito majoribus interceptis, ita ut singulis singulæ litteris interponi queant. Eædem plane litteræ iisdem cum spatiis mihi occurrebant Mediolani in ambrosiano palimpsesto ad calcem commentarii in orationem Tullii pro Archiâ : easque ego litteras meo in libro explicavi *feliciter*. Cujus sententiæ cùm me nondum pœniteat, nunc ratio reddenda est. Nimirum calligraphus partim atramento partim alio suco id vocabulum scripsit, vel scribere cogitavit, nempe *fEllcltEr*. Porro evanuit vel ætate vel ablutione is sucus, (si reapse scriptus fuit) atramentum autem in membranis hæsit. Sane ejusmodi titulos vidi in aliis priscis codicibus v. gr. in regio vaticano xi, in quo tituli interdum rubris simul cæruleisque litteris constant. Itaque et hoc loco libentius

DE

LA RÉPUBLIQUE.

LIVRE SECOND.

I. **D**ÈS [1] qu'il vit tout le monde empressé de l'entendre, Scipion prit la parole en ces termes : Je commencerai par une pensée du vieux Caton, que, vous le savez, j'ai singulièrement aimé,

---

[1] Le commencement de ce livre nous paraît présenter une lacune dont l'éditeur de Rome n'indique pas l'étendue, mais qui n'est que trop évidente. On sait que la méthode de Cicéron était d'ouvrir chacun de ses dialogues philosophiques par un préambule, où il parlait en son nom. Il se plaisait ensuite à introduire ou à ramener sur la scène les différens interlocuteurs ; et il prodiguait ces petits détails dont les anciens ne sont pas toujours assez avares, et où brille cette élégance délicate et cette fleur d'urbanité romaine qu'il opposait à l'atticisme de Platon. Il a usé de cet art avec un goût exquis dans le traité *des Lois*. Les livres suivans du traité *de la République* nous montreront, au moins dans de précieux fragmens, plus d'un modèle de ces épisodes qui reposent l'attention fatiguée par la

maximeque sum admiratus, cuique vel patris [1]
utriusque judicio, vel etiam meo studio me totum ab adolescentiâ dedidi; cujus me nunquam
satiare potuit oratio: tantus erat in homine usus
rei publicæ, quam et domi et militiæ cùm optime
tum etiam diutissime, gesserat; et modus in di-
cendo, et gravitate mixtus lepos, et summum vel
discendi [2] studium vel docendi, et orationi [3] vita
admodum congruens. Is dicere solebat, ob hanc
causam præstare nostræ civitatis statum cæteris
civitatibus, quòd in illis singuli [4] fuissent fere,
quorum [5] suam quisque rem publicam consti-
tuissent legibus atque institutis [6] suis; ut Cretum
Minos; Lacædemoniorum Lycurgus; Athenien-

---

feliciter intelligo, quàm inauditum vocabulum *eie*; cui
cæteroqui synonymum videretur *eia*, adverbium ex-
citandi, quasi librarius se ad scribendi laborem ex-
citaret.

[1] Ita cod. posteriore manu; at priore *matris*.

[2] Cod. *dicendi*. Sed scribendum esse *discendi* demons-
trat ipse Tullius, de Re Pub. I. 8, 10. Item Nepos in
Catonis vitâ.

[3] Ita cod. alterâ manu; at priore *oratione*.

[4] Cod. *singulis*; mox altera *s* ibidem expuncta.

[5] Ita cod. posteriore manu; at priore *qui*.

[6] Postrema hæc verba repetuntur, moxque expun-
guntur in cod.

j'ai beaucoup admiré, et à qui, soit par l'influence éclairée de mes parens adoptifs et naturels, soit de mon propre mouvement, je m'étais donné tout entier dès la jeunesse, sans pouvoir jamais me rassasier de ses sages discours; tant je trouvais en lui une rare expérience de la chose publique, qu'il avait administrée dans la paix et dans la guerre, et si bien et si long-temps; une juste mesure dans toutes ses paroles, un enjouement mêlé de gravité, un goût merveilleux de s'instruire et de communiquer l'instruction, et une vie toute entière en accord avec ses discours! Il disait donc souvent, que si le gouvernement de Rome l'emportait sur celui des autres cités, c'est qu'elles n'avaient presque jamais eu que des grands hommes isolés qui avaient constitué chacun sa patrie, d'après ses lois et ses principes particuliers: Minos, la Crète; Lycurgue, Lacédémone; et dans Athènes, qui subit tant de mutations, d'abord Thésée, puis Dracon, puis Solon, puis Clisthène, puis tant d'autres, et enfin, pour ranimer son épuisement et sa faiblesse, un savant homme, Démétrius de Phalère; tandis que nous, notre constitution politique a

---

continuité du dialogue, et l'élévation ou la gravité des matières. Ici, toute introduction semblable nous manque : les premiers mots sont même en partie mutilés; et quelques lettres ont été suppléées par l'éditeur.

sium , quæ [1] persæpe commutata esset , tum Theseus, tum Draco , tum Solo, tum Clisthenes, tum multi alii; postremo exsanguem jam et jacentem doctus vir phalereus sustentasset Demetrius : nostra autem res publica non unius esset ingenio , sed multorum , nec unâ hominis vitâ , sed aliquot [2] constituta sæculis et ætatibus. Nam neque ullum ingenium tantum exstitisse dicebat, ut quem res nulla fugeret quisquam aliquando fuisset; neque cuncta ingenia collata in unum tantum posse uno tempore providere, ut omnia complecterentur sine rerum usu ac vetustate. Quam ob rem, ut ille solebat , ita nunc mea repetet oratio populi originem ; libenter enim etiam verbo utor Catonis. Facilius autem [3] quod est propositum consequar, si nostram rem publicam vobis et nascentem, et crescentem, et adultam, et jam firmam atque robustam ostendero, quàm

---

[1] Cod. *q.* nempe *que*, sed mendose.

[2] Cod. *aliquod.* Licet autem interdum retinuerim *d* pro *t*, tamen hîc erat vitanda vocabuli molesta ambiguitas.

[3] *Autem* superpositum est in codice.

été l'œuvre dn génie, non d'un seul, mais de plusieurs [1], et s'est affermie, non par un seul âge d'homme, mais durant plusieurs générations et plusieurs siècles. Car, ajoutait-il, il n'a jamais existé un génie assez puissant pour que rien ne lui échappât; et tous les génies du monde, réunis en un seul, ne pourraient pas, dans les limites d'une seule époque, exercer une prévoyance assez étendue pour tout embrasser, sans le secours de l'expérience et de la durée.

Ainsi, suivant la manière habituelle de Caton, je remonterai, dans mon discours, à l'*origine* de Rome; car j'aime à me servir de l'expression même de Caton. J'atteindrai d'ailleurs plus facilement mon but, en prenant notre république, pour la montrer successivement à sa naissance, dans ses

------

[1] « Une des causes de la prospérité de Rome, dit « Montesquieu, c'est que ses rois furent tous de grands « personnages. On ne trouve point ailleurs, dans les « histoires, une suite non interrompue de tels hommes « d'état et de tels capitaines. » Et dans un autre endroit, il ajoute : « Rome ayant chassé les rois, établit les consuls « annuels; c'est encore ce qui la porta à ce haut degré de « puissance. Les princes ont dans leur vie des périodes « d'ambition; après quoi d'autres passions et l'oisiveté « même succèdent : mais la république, ayant des chefs « qui changeaient tous les ans, et qui cherchaient à « signaler leur magistrature pour en obtenir de nou- « velles, il n'y avait pas un moment de perdu pour « l'ambition. »

si mihi aliquam , ut apud [1] Platonem Socrates , ipse finxero.

II. Hoc cùm omnes adprobavissent : Quod habemus igitur institutæ rei publicæ tam clarum ac tam omnibus notum exordium , quàm hujus urbis condendæ principium profectum a Romulo , qui patre Marte natus ? concedamus enim famæ hominum, præsertim non inveteratæ solum, sed etiam sapienter a majoribus proditæ , bene [2] meriti de rebus communibus ut genere etiam putarentur , non solum esse ingenio divino. Is igitur, ut natus sit cum Remo fratre , dicitur ab Amulio [3] rege albano , ob labefactandi regni timorem , ad Tiberim exponi jussus esse : quo in loco cùm esset silvestris belluæ sustentatus uberibus , pastoresque eum sustulissent , et in agresti cultu laboreque aluissent , perhibetur, ut adoleverit [4], et corporis viribus et animi fero-

---

[1] Cod. priore manu *multa* mendose; tum id deletum, substitutumque *ut aput.*

[2] Cod. *ut bene* ; mox expunctum *ut* propter aliud sequens. Eleganter autem emendator prius *ut* potius quàm posterius ejecit.

[3] Ita alterâ manu ; at priore *Amulo.*

[4] Ita cod. per *o,* quamquam passim in priscis codicibus occurrit *adulescens.*

progrès, dans son âge adulte, et dans sa force et sa maturité, que si j'allais, à l'exemple de Socrate dans les livres de Platon, me créer une république imaginaire.

II. Tout le monde paraissant approuver, Scipion reprit : Quel commencement d'une constitution politique puis-je choisir qui soit aussi éclatant, aussi connu de tous que la fondation même de cette ville, par la main de Romulus, fils de Mars? Ayons en effet cette déférence pour une tradition tout à la fois antique et sagement accréditée par nos ancêtres, de souffrir que ceux qui ont bien mérité des hommes réunis, aient la réputation d'avoir reçu des dieux, non-seulement le génie, mais la naissance même.

On rapporte donc que, sitôt après la naissance de Romulus et de son frère Rémus, Amulius, roi d'Albe, dans la crainte de voir un jour ébranler sa puissance, le fit exposer sur les bords du Tibre; que, dans ce lieu, l'enfant secouru et allaité par une bête sauvage [1], ensuite recueilli par des bergers, et nourri dans la rudesse et les travaux des champs, acquit en grandissant une

---

[1] Cicéron, dans le traité *des Lois*, se moque de cette tradition sur la naissance merveilleuse du fondateur de Rome ; et ici même, il la traite de fable. Il ne fait d'ailleurs aucune recherche critique sur ces premières antiquités de Rome que les modernes ont cru pouvoir

citate tantum cæteris præstitisse , ut omnes qui
tum eos agros , ubi hodie est hæc urbs, incole-
bant , æquo animo illi libenterque parerent.
Quorum copiis cùm se ducem præbuisset , ut et
jam [1] a fabulis ad facta veniamus , oppressisse
Longam Albam validam urbcm et [2] potentem
temporibus illis, Amuliumque regem interemisse
fertur.

III. Quâ gloriâ partâ [3] , urbem auspicatò condere , et firmare dicitur primum cogitavisse rem
publicam. Urbi autem locum , quod est ei qui
diuturnam rem publicam serere conatur diligentissime providendum , incredibili opportunitate delegit : neque enim ad mare admovit , quod
ei fuit illâ manu copiisque facillimum, ut in agrum
Rutulorum Aboriginumve [4] procederet , aut in
ostio tiberino , quem in locum multis post annis
rex Ancus coloniam deduxit, urbem ipse conderet;

---

[1] Ita loquendum videtur potius quàm *etiam*. Imo *et*
delere præstaret.

[2] Cod. *vel;* sed deinde videtur factum *et.*

[3] Cod. *partam*; sed mox *m* expuncta.

[4] Postrema sex verba repetuntur in codice ; tum ex-
punguntur. Et quidem priore loco legitur *Aborigi-*
numque.

telle supériorité sur les autres par la vigueur de corps et la fierté de courage, que tous les habitans de ces campagnes, où s'élève aujourd'hui Rome, se soumirent volontairement à lui. S'étant mis à la tête de ces bandes, on dit encore, pour en venir des fables aux réalités, qu'il surprit Albe, ville forte et puissante à cette époque, et qu'il mit à mort Amulius.

III. Cette gloire acquise, il conçut alors, dit-on, la première pensée de fonder régulièrement une ville et de constituer un état. Sous le rapport du lieu, et ce point doit être la principale prévoyance de quiconque veut jeter le germe d'une cité durable, Romulus choisit la situation de sa ville avec

---

éclaircir. Tite-Live se borne à dire, avec une fierté de style très majestueuse, mais peu concluante pour la fidélité historique : « S'il doit être permis à quelque « peuple de s'attribuer une origine sacrée, et de faire « remonter sa naissance jusqu'aux dieux, telle est la « gloire du peuple romain dans la guerre, que, lors- « qu'il proclame de préférence le dieu Mars pour son « père, pour le père de son fondateur, les nations de « la terre doivent le souffrir avec la même résignation « qu'elles souffrent notre empire. » *Si cui populo licere oportet consecrare origines suas, et ad deos referre auctores, ea belli gloria est populo romano, ut, cùm suum conditorisque sui parentem Martem potissimùm ferat, tam et hoc gentes humanæ patiantur æquo animo, quàm et imperium patiuntur.*

sed hoc vir excellenti providentiâ [1] sensit ac
vidit, non esse opportunissimos situs maritimos
urbibus eis quæ ad spem diuturnitatis conderentur atque imperii. Primum quòd essent urbes
maritimæ non solum multis periculis oppositæ,
sed etiam cæcis [2]. Nam terra continens adventus
hostium non modo exspectatos [3], sed etiam re-
pentinos, multis [4] indiciis [5], et quasi fragore
quodam et sonitu ipso ante denunciat. Neque
vero quisquam potest hostis advolare terrâ, quin
cum non modo esse, sed etiam quis et unde sit
scire possimus. Maritimus vero ille et navalis
hostis ante adesse potest, quàm quisquam ven-
turum esse suspicari queat. Nec vero, cùm venit,
præ se fert aut qui [6] sit, aut unde veniat, aut
etiam quid velit; denique ne [7] notâ quidem ullâ
pacatus an hostis sit discerni ac judicari potest.

---

[1] Cod. *providentiam*, sed *m* fortasse expuncta.

[2] Cod. *cæcitatis*; sed mox ibidem emendatum *cæcis*.

[3] Cod. primum *exspectatur;* mox emendatum *exspectatos*.

[4] Ita emendatum in cod.: cùm primum fuisset *multum*.

[5] Ita fortasse cod. posteriore manu; at priore *indicis*.

[6] Ita cod. alterâ manu, cùm priore fuisset *quis*.

[7] Cod. *ne ne*, tum prior particula expuncta; nisi forte
eam transferre licet, ut fiat *pacatus-ne an*. Confer. de
Re Publ. I. 19, not.

une merveilleuse convenance. En effet, il ne la rapprocha point de la mer, ce qui lui était si facile avec les forces dont il disposait, soit en avançant sur le territoire des Rutules et des Aborigènes, soit en venant bâtir sa nouvelle cité à l'embouchure du Tibre, dans le lieu même où, longues années après, Ancus Martius conduisit une colonie. Mais cet homme, avec la prévision d'un génie supérieur, comprit et observa que les sites voisins de la mer n'étaient pas les plus favorables, pour y fonder des villes qui prétendissent à la durée et à l'empire : et cela, d'abord parce que les villes maritimes seraient toujours exposées, non-seulement à de fréquens périls, mais à des périls imprévus. La terre ferme, en effet, trahit par de nombreux indices les approches régulières, et même les surprises de l'ennemi; elle le dénonce, pour ainsi dire, par le bruit seul et comme par le rentissement de ses pas. Il n'est point d'agresseur qui, sur le continent, puisse arriver si vite que nous ne sachions qu'il vient, et ce qu'il est, et d'où il vient. Mais cet ennemi, que la mer et qu'une flotte nous amène, peut descendre sur nos bords avant que personne ait soupçonné son approche; et lorsqu'il arrive, rien d'extérieur n'indique ni ce qu'il est, ni de quelle terre il est parti, ni ce qu'il veut; on ne peut enfin reconnaître et distinguer à aucun signe, s'il est ami ou ennemi.

IV. Est autem maritimis urbibus etiam quædam corruptela ac mutatio [1] morum : admis-
centur enim novis sermonibus ac disciplinis, et
importantur non merces solum adventitiæ, sed
etiam mores, ut nihil possit in patriis [2] institutis
manere integrum. Jam qui incolunt eas urbes,
non hærent in suis sedibus [3], sed volucri semper
spe et cogitatione rapiuntur a domo longius:
atque etiam cùm manent corpore, animo tamen
excurrunt [4] et vagantur. Nec véro ulla [5] res magis labefactatam diu et Carthaginem [6] et Corin-

---

[1] Cod. *demutatio;* mox expuncta *de.* Equidem magnopere suspicor vocabulum *demutatio* esse genuinum
tullianum, quod emendator ut prope insolitum frustra
imminuerit. Neque caret duplici exemplo vocabulum
apud lexicographos, quamquam alterum est dubium
Plinii, alterum Tertulliani. Quid si nunc Tullius ac-
cedat? præsertim cùm verbum ipsum *demuto* sine con-
troversiâ sit.

[2] Ita cod. alterâ manu ; at priore *patris* cum crasi.

[3] Ita cod. posteriore manu; at priore *sœdibus.* Sane
alibi vidimus *sœpiuntur,* neque obstat prosodia. Videtur etiam supra *sœdibus* scriptus alius versus, et mox
deletus, vel posteriore ætate abrasus.

[4] Cod. *excurrant;* mox factum *excurlant.* Recole lib. I.
5, not.

Ita cod. alterâ manu ; at priore *ullæ.*

[6] Ita per *C*; at alibi per *K.*

IV. Les villes maritimes éprouvent encore une influence corruptrice et de fréquentes révolutions de mœurs. Leur civilisation est en effet mélangée par des langues et des connaissances nouvelles; et le commerce leur apporte de loin, non-seulement des marchandises, mais des mœurs étrangères, qui ne permettent aucune fixité dans les institutions de ces villes : et d'abord, les peuples qui les habitent ne s'attachent pas à leurs foyers; mais une continuelle mobilité d'espérance et de pensée les emporte loin de la patrie; et lors même qu'ils ne changent pas réellement de place, leur esprit toujours aventureux, voyage et court le monde : nulle autre cause, après avoir miné long-temps et Corinthe et Carthage, ne concourut plus à les détruire que cette vie errante et cette dispersion des citoyens, à qui la passion du commerce et des entreprises maritimes avait fait abandonner le soin des champs et de la guerre [1]. Le voisinage de la mer, d'ailleurs,

---

[1] Cette digression sur les inconvéniens du voisinage de la mer, brille dans le texte original d'une beauté d'élocution qui n'appartient qu'à l'orateur romain. Les idées, nous en convenons. sont un peu arriérées ; ce sont quelques belles pensées d'Aristote et de Platon. Tout cela ne rentre guère dans nos systèmes modernes. Navigation, commerce, échanges, voilà les mobiles de notre civilisation : et voilà ce que les publicistes de l'antiquité semblaient croire pernicieux à la force et à

thum pervertit [1] aliquando, quàm hic error ac dissipatio civium, quòd mercandi cupiditate et navigandi et agrorum et armorum cultum reliquerant. Multa etiam ad luxuriam invitamenta perniciosa civitatibus suppeditantur mari, quæ vel capiuntur vel importantur: atque habet etiam [2] amœnitas ipsa vel sumptuosas vel desidiosas illecebras multas cupiditatum. Et quod de Corintho dixi, id haud [3] scio an liceat de cunctâ Græciâ varissime dicere. Nam et ipsa Peloponesus fere tota in mari est: nec præter Phliensos [4] ulli sunt, quorum agri non contin-

---

[1] Ita cod. alterâ manu; at priore *perverterunt*.

[2] Cod. *iam*. Sed, nisi fallor, oblitus est librarius repetere *et* post *habet*. Genus id mendorum in codicibus satis est exploratum.

[3] Cod. *aut*. Hinc rursus agnoscas pronunciationis vel vitium, vel similitudinem.

[4] Cod. mendose *Philuntios*. Imo vero scribi debuit *Phliasios*; sic enim emendavit suam hanc lectionem librorum de Re Pub. Cicero ipse ad Atticum scribens, VI. 2: « Phliasios dici sciebam; et ita fac habeas, nos « quidem sic habemus. Sed primo me ἀναλογία deceperat, Φλοῦς, Ὀποῦς, Σιποῦς; quod Ὀπούντιοι, Σιποῦν- « τιοι. Sed hoc continuo correximus. » In codice tamen vaticano manet prior Tullii scriptura (præter vitiosam metathesim): quod nobile documentum est Tullii libros politicos statim omnibus viguisse (ut ait Cœlius,

fournit au luxe des villes un grand nombre de
séductions funestes, qui sont importées par la
victoire ou par les échanges. L'agrément même
d'un tel site présente aux passsions une foule
d'attraits pour le faste et pour la paresse. Ce que
j'ai dit de Corinthe, je ne sais si je ne pourrais pas
l'appliquer, avec la même exactitude, à toute la
Grèce ; car le Péloponèse même est dans la mer
presque de toutes parts [1] : et si vous exceptez les
Phliasiens, il n'est aucun de ces peuples dont le
territoire ne confine à la mer ; et, hors du Péloponèse, les Enianes, les Doriens et les Dolopes

---

la durée des états. Notre liberté même a pour appui le
luxe que les républiques anciennes proscrivaient comme
le fléau de la leur. Ces différences qui ne sont pas des
contradictions, trouveraient leur explication naturelle
dans des causes qui seraient trop longues à déduire ;
mais elles font nécessairement que la politique des anciens nous paraît trop vague, trop remplie de généra-
lités philosophiques. Aujourd'hui on constitue un état
avec l'économie politique, c'est-à-dire avec la science
de produire et de vendre. Les anciens avaient la sim-
plicité de compter pour quelque chose le patriotisme,
les mœurs, les vertus publiques.

[1] Il paraît que Cicéron avait écrit d'abord d'une
manière générale, que toutes les villes du Péloponèse
étaient maritimes, et que cette erreur fut relevée par la
vigilante critique d'Atticus : on lira avec plaisir tout
ce détail tiré de la correspondance de Cicéron. « J'en
« viens, écrit-il à son ami, à l'observation que vous

gant mare: et extra Peloponesum Enianes [1] et Dores et Dolopes soli absunt a mari. Quid dicam insulas Græciæ? quæ fluctibus cinctæ natant pene ipsæ [2] simul cum civitatum [3] institutis et moribus. Atque hæc quidem, ut supra dixi, veteris [4] sunt Græciæ. Coloniarum vero, quæ est deducta a Græcis [5] in Asiam, Thraciam, Italiam [6], Siciliam, Africam, præter unam Magne-

---

ep. VIII. 1.), ideoque distractis exemplaribus, ne ipsius quidem auctoris emendationes potuisse recipi. Cæteroqui gentile φλιούντιος est apud Stephanum byzantinum, qui addit et φλιούσιος atque φλιάσιος. *Phliasios* scribit ipse Cicero, Tusc. V. 3; et sic græci vulgo auctores habent.

[1] Videtur scribendum *Ænianes* cum diphthongo. Legitur enim apud græcos geographos Αἰνιᾶνες; Plinius autem, IV. 2, habet *Ænicnses* ab Αἰνιεῖς.

[2] Cod. *in ipsæ;* mox expuncta *in.*

[3] Cod. priore manu *civitatis;* tum altera manus superposuit *um*, delevitque *s*, et ut videtur etiam *i.*

[4] Cod. *veteres.*

[5] Cod. *Grais.*

[6] Locum citat Servius ad Æn. XII. 335, voc. *Thraca*, sic : « Cicero in *de Re Publica* : colonia vero quæ est « deducta a Græcis in Asiam, Thracam, Italiam ; et non « dixit Thraciam. » Notandæ sunt in primis variæ lectiones *colonia, Græcis, Thracam;* quamquam vaticanus codex nunc nobis *Thraciam* exhibet. Similis autem huic est Ciceronis locus, de Divin. I. 1 : « Quam vero Græcia

sont seuls éloignés de la mer. Que dirai-je des îles de la Grèce, qui, au milieu de cette ceinture de flots, semblent nager encore avec les institutions et les mœurs de leurs mobiles cités? et ceci, comme je l'ai dit plus haut, ne regarde que l'ancienne Grèce. Mais quant aux colonies conduites par les Grecs dans l'Asie, la Thrace, la Sicile, l'Italie, l'Afrique, il n'est aucun de ces établissemens, excepté la seule Magnésie, qui ne soit

---

« me faites dans la première page de votre lettre. Ce
« n'est pas sur le témoignage de quelque méchant au-
« teur, que j'ai avancé que toutes les villes du Pélopo-
« nèse étaient maritimes, c'est sur la foi de Dicéarque,
« dont vous faites vous-mêmes beaucoup de cas. Dans
« sa description de la descente dans l'antre de Tropho-
« nius, Chéron prouve, par beaucoup de raisons, que
« les Grecs ont mal fait de bâtir tant de villes sur le
« bord de la mer, et il compte pour maritimes toutes
« celles du Péloponèse. Quoique j'estime fort cet auteur
« qui me paraît avoir une grande connaissance de l'his-
« toire, et qui d'ailleurs a vécu dans le Péloponèse,
« cela ne laissa pas de m'arrêter, et je proposai mon
« doute à Dionysius. Il fut d'abord surpris ; mais
« comme il se fie aussi volontiers à Dicéarque, que
« vous à Vestorius, et moi à Cluvius, il me dit que je
« pouvais m'en rapporter à cet auteur. Il prétend qu'il
« y a dans l'Arcadie une ville maritime, nommée

siam [1], quam unda non adluat? Ita barbarorum agris quasi adtexta quædam videtur ora esse Græciæ. Nam e barbaris quidem ipsis nulli erant antea maritimi [2], præter [3] Etruscos et Pœnos; alteri mercandi causâ, latrocinandi alteri. Quæ causa perspicua est malorum commutationumque Græciæ [4], propter ea vitia maritimarum urbium, quæ ante paulo perbreviter [5] adtigi [6]. Sed tamen in his [7] vitiis inest illa magna commoditas, et quod [8] ubique gentium [9] est ut ad

---

« coloniam misit in Æoliam, Ioniam, Asiam, Siciliam, « Italiam sine pythio, etc. »

[1] Verba *Thraciam*, etc. *Magnesiam* addita sunt in codice posteriore manu, quæ prior omiserat, videlicet oscitantiâ librarii.

[2] Cod. *maritumi*; at paulo post per *i*.

[3] Ita cod. posteriore manu; at priore *pseter*. Memento autem dictorum superius de scripturâ *s* pro *r*.

[4] Cod. *Greciæ*. At alibi emendate.

[5] Cod. *perubreviter*; tum expuncta *u*. Patet autem ipsum scribam se emendavisse; scriptâ enim *u*, cognitoque mendo suo, expunxit ipsam *u*, vocabulumque uti opus erat continuavit scribendo *b*.

[6] Cod. *adtigisset*; tum expuncta est prior *s*, a quâ nos separavimus, uti par erat, *set*.

[7] Cod. *hiis*.

[8] *Quod* superadditum est in codice manu posteriore.

[9] Ita cod. priore manu; at alterâ mendose *genitum*.

baigné par les flots. Il semblerait qu'une portion détachée des rivages de la Grèce est venue border ces continens barbares. Parmi les barbares, en effet, il n'y avait originairement aucun peuple maritime, à l'exception des Carthaginois et des Etrusques, qui cherchaient les uns le commerce, les autres le pillage. On voit donc la cause manifeste des malheurs et des révolutions de la Grèce : elle tient à ces vices des cités maritimes que j'ai rapidement indiqués plus haut ; mais à ces vices se trouve joint un grand avantage : c'est que, des divers points du monde, tout vienne facilement aborder à la ville que vous habitez ; et que l'on puisse, en retour, porter et envoyer dans tous les lieux de la terre les produits des champs qui environnent vos murs.

« Lépréon. Pour Téné, Aliphéra et Critia, il croit que « ce sont des villes modernes ; et il le prouve par le « dénombrement que fait Homère de toutes celles qui « armèrent des vaisseaux pour la guerre de Troie, où « elles ne sont point comprises. Tout ce que j'ai dit là- « dessus, je l'ai copié mot pour mot de Dicéarque. » L. VI, lett. 2. On peut juger par ce passage curieux combien les notions géographiques avaient alors peu de certitude et d'étendue.

eam [1] urbem quam incolas possit adnare [2] ; et rursus, ut id quod agri efferant sui, quascumque velint in terras portare possint ac mittere.

V. Quî potuit igitur divinitus et utilitates complecti maritimas Romulus et vitia vitare ? quàm quòd urbem perennis amnis et æquabilis et in mare late influentis posuit in ripâ, quò posset urbs [3] et accipere ex [4] mari quo egeret, et reddere [5] quo redundaret : eodemque ut [6] flumine

---

[1] Cod. *ad œam ;* tum expuncta est prior *a.*

[2] Locum e II de Re Pub. citat Fronto, exemp. eloc. voc. *adnare.* At in editis fragmentis citatur e I perperam. Editiones item habent *possis* pro *possit;* quæ etsi lectio videri poterat probabilis, tamen a Frontonis codicibus cunctis exploditur, tum, quod magis interest, a Ciceronis de Re Pub. codice vaticano. Codicum Frontonis varietates sunt : 1° *ut ad eam urbem, ad quam incola possit adnare;* 2° in alio codice τὸ *possit* corrigitur in margine *possis;* quæ conjectura deinceps ab editoribus fragmentorum recepta fuit.

[3] Cod. priore manu *urps,* quamquam videtur postea interpolata littera, factumque *urbs*; sed tamen inferius occurrit evidenter *urps.* Est autem de hâc scripturâ insignis Papiriani auctoritas, p. 2291 : « Urps per *p* « debet scribi; licet Varro per *b* scribendum putet, « quòd in reliquis casibus *b* habeat. »

[4] Ita cod. priore manu ; at posterior pro *ex* fecit *a.*

[5] Ita cod. alterâ manu ; at priore *redderet.*

[6] *Ut* superponitur in codice.

V. Romulus [1] pouvait-il donc, et pour réunir tous les avantages d'une situation maritime, et pour en éviter les dangers, être mieux inspiré qu'il ne le fut, en bâtissant Rome sur la rive d'un fleuve dont le cours égal et constant se décharge dans la mer par une vaste embouchure, de sorte

---

[1] Fidèle au plan de tout rapporter à la constitution romaine, et de faire plutôt une histoire qu'une théorie politique, Cicéron va successivement examiner l'état de Rome aux diverses époques de sa durée, à dater de ses rois. Ce plan, s'il produisait quelques lumières nouvelles sur un sujet fort obscur, aurait beaucoup plus d'intérêt pour nous que des idées purement spéculatives. Mais Cicéron ne va guère au-delà des traditions connues, et qui ont souvent exercé le scepticisme des savans. Il prend l'histoire romaine à peu-près telle que nous l'avons; et ses réflexions ne paraissent pas supposer d'autres faits que ceux dont Tite-Live a rempli ses éloquens récits. On sait que la plupart de ces faits, surtout dans ce qui regarde les premiers siècles de Rome, ont été controversés par la critique moderne. Ce texte repris de nos jours par les savans d'Allemagne, avait fort occupé nos érudits du dix-septième siècle; et il n'est pas inutile de dire ici quelques mots de la question. Dans le sixième volume des Mémoires de l'Académie des Inscriptions, on trouve une dissertation où M. de Pouilly essaie d'ôter toute authenticité aux premiers siècles de l'histoire romaine, en établissant que les premiers historiens de Rome, Cincius et Fabius Pictor vivaient au moins cinq cents ans après la fondation de cette ville, et que tous les an-

res ad victum cultumque maxime necessarias non solum mari absorberet [1] sed etiam invectas acciperet ex terrâ : ut mihi jam tum divinasse ille videatur , hanc urbem sedem aliquando et domum summo esse imperio præbituram : nam hanc rerum tantam potentiam non ferme facilius aliâ [2] in parte Italiæ posita urbs [3] tenere potuisset.

VI. Urbis autem ipsius nativa præsidia quis est tam negligens , qui non habeat animo notata planèque cognita ? cujus is est tractatus [4] ductusque muri , cùm Romuli tum etiam reliquorum regum sapientiâ definitus ex omni parte arduis præruptisque montibus , ut [5] unus aditus qui

---

[1] Ita evidenter codex , sine ullâ emendatione. Ut corrigam *subveheret* moneor, meliore equidem et plane verisimili locutione, indice etiam Rutilio Numatiano, I. 153 , qui Tullii hanc sententiam exprimere videtur de navigatione Tiberis loquens : « Placidis commercia « ripis — devehat hinc ruris , subvehat inde maris. » Attamen ego miror quî fieri possit, ut amanuensis tantam invexerit varietatem , nempe *absorberet* pro *subveheret.*

[2] Cod. *ulla* ; sed fortasse emendatum *alia.* Censeo scribendum *alia ulla.*

[3] Cod. priore manu *urps;* at alterâ *urbs.*

[4] Ita cod. sine ullâ liturâ *tractatus* pro *tractus.*

[5] *Ut* omissum a librario, fortasse superpositum fuit; sed vix apparet , aut ne vix quidem.

que cette ville peut recevoir par mer tout ce qui lui manque, et renvoyer par le même chemin sa surabondance, et qu'elle trouve dans le même fleuve une communication, non-seulement pour faire venir par la mer tous les produits nécessaires au soutien et à l'élégance de la vie, mais pour les tirer de ses propres campagnes : aussi je croirais que Romulus avait pressenti dès-lors que cette cité serait un jour le siége et le centre d'un puissant empire. Car, placée sur tout autre point de l'Italie, jamais ville n'aurait pu maintenir une si vaste domination.

VI. Quant aux fortifications naturelles de Rome, quel homme est assez indifférent pour ne pas en avoir dans l'esprit l'exacte connaissance et comme le dessin? Tels furent d'abord le plan et la direction des murs, qui, par la sagesse de Romulus et de ses successeurs, confinaient de toutes parts à de hautes et rudes collines, que le seul pas-

---

ciens monumens qu'ils auraient pu consulter avaient péri dans l'incendie de Rome par les Gaulois. Il s'attache ensuite à montrer, que plusieurs faits rapportés par Tite-Live sont des copies évidentes de traditions grecques. Il retrouve les Horaces, les Curiaces, et tout ce merveilleux récit, dans un fragment des *Arcadiques* de Demarate, conservé par Stobée, et où il s'agit d'une guerre entre deux petites villes d'Arcadie, Tegée et Pherée, qui choisirent pour terminer leur querelle chacune trois guerriers, frères jumeaux ; sans qu'il y

esset inter Esquilinum [1] Quirinalemque montem maximo aggere objecto, fossâ cingeretur vastissimâ : atque ut ita munita arx circumjectu arduo et quasi circumciso saxo niteretur, ut etiam in illâ tempestate horribili gallici adventûs incolumis atque intacta permanserit. Locumque delegit et fontibus abundantem [2], et in regione pestilenti salubrem : colles enim sunt , qui cùm perflantur [3] ipsi , tum adferunt umbram vallibus.

VII. Atque hæc quidem perceleriter confecit : nam et urbem constituit, quam e suo nomine Romam jussit nominari ; et ad [4] firmandam novam civitatem novum quoddam et subagreste consilium , sed ad muniendas opes regni [5] ac populi sui magni hominis et jam tum longe providentis secutus est, cùm Sabinas honesto ortas loco virgines [6], quæ Romam ludorum gratiâ ve-

---

[1] Cod. *Esquillinum.*

[2] Cod. *undantem ;* mox superadditum *ab ;* quæ additio vix erat necessaria.

[3] Cod. *perfluantur ;* tum ibidem emendatum *perflantur.*

[4] Ita cod. alterâ manu ; at priore *affirmandam.*

[5] Cod. *eg regni ;* tum deletum *eg :* voluerat enim , ni fallor, librarius scribere *egregium.*

[6] Ita cod. posteriore manu ; at priore *honesto hortas virginis.*

sage ouvert entre le mont Esquilin et le mont
Quirinal, se trouvait fermé par un rempart et
un immense fossé ; et que la citadelle s'appuyait
sur un rocher coupé à pic, et d'un abord assez
impraticable, pour avoir pu, même dans cet
horrible débordement de l'invasion gauloise, se
conserver libre et hors d'atteinte.

Il choisit d'ailleurs un lieu rempli de sources
vives, et remarquable par la salubrité, au milieu
d'une région pestilentielle. Il s'y trouve en effet
des collines qui, tout à la fois, appellent un air
plus vital et protègent la vallée de leur ombre.

VII. Tout cela fut rapidement achevé : car il
bâtit une ville à laquelle il donna le nom de
Rome, emprunté du sien ; et, pour affermir
cette nouvelle cité, il conçut un projet singulier
sans doute, et même un peu barbare, mais digne
d'un grand homme, et d'un esprit qui voyait
loin dans l'avenir les moyens de fortifier sa puissance et son peuple. De jeunes filles Sabines, de

---

manque aucune circonstance, jusqu'à l'amour de la
sœur du vainqueur pour l'un des vaincus, et jusqu'au
meurtre de cette sœur infortunée. M. de Pouilly retrouve également Scévola dans un héros grec, célébré
par l'historien Agatharchide. Il essaie ensuite de prou-
ver que, dans le défaut absolu de monumens primitifs,
les traditions menteuses de l'orgueil romain se trouvent cependant contredites quelquefois par des témoignages étrangers. A la défaite des Gaulois sur les ruines

nissent, quos tum primum anniversarios in Circo facere instituisset, consualibus rapi jussit, easque in familiarum amplissimarum matrimoniis [1] collocavit [2]. Quâ ex causâ cùm bellum Romanis Sabini intulissent, præliique certamen varium atque anceps fuisset, cum T. Tatio rege Sabinorum fœdus icit, matronis ipsis [3], quæ raptæ erant, orantibus: quo fœdere et Sabinos in civitatem adscivit [4], sacris communicatis, et regnum suum cum illorum rege sociavit.

VIII. Post interitum autem Tatii, cùm ad eum potentatus [5] omnis recidisset [6], quamquam

---

[1] Ita cod. posteriore manu; at priore *matrimonis*.

[2] Ita cod. priore manu; at posteriore *collocabit*.

[3] Cod. priore manu *is ipsis*; tum expunctum *is*, quod vel mendum fuit, vel pro *iis* positum.

[4] Ita cod. posteriore manu; at priore *adscibit*.

[5] Ita cod. priore manu; tum alterâ refectum est *dominatus*; lævo, ut censeo, consilio et nimiâ castigandi libidine : nam *potentatus* generosior vox est, eâque præter alios utitur Lactantius, Inst. VI. 17, Ciceronis pedissequus; eamdemque revocari vult in usum Vorstius, de Lat. negl. IV. 1.

[6] Cod. *reccidisset*. Cæsellius orthographus, p. 2314, ait : « Re præpositio nonnunquam cùm ad consonantes « accedit, geminat illas, quod plerumque apud anti- « quos est, ut *duco, redduco; cado, reccido; tuli, rettuli;* « *pello, reppello.* »

la meilleure naissance, qui étaient venues à
Rome, attirées par les jeux publics, dont Romulus faisait alors célébrer dans le Cirque le premier anniversaire, furent, au milieu de la fête,
enlevées par ses ordres; et il les associa, par des
mariages, aux premières familles de Rome. Cette
cause ayant appelé sur Rome les armes des Sabins, au milieu d'un combat dont l'issue était
indécise et disputée, Romulus fait alliance avec
Tatius, roi des Sabins, à la prière des femmes
que les Romains avaient enlevées. Par cette alliance, il admit les Sabins dans la nouvelle cité,
reçut le culte de leurs dieux, et partagea sa puissance avec leur roi.

VIII. Après la mort de Tatius, l'autorité toute
entière retomba dans ses mains : il avait à la vé-

---

de Rome, et à la victoire de Camille racontée par Tite-
Live, il oppose le récit de Polybe, suivant lequel les
Gaulois, ayant assiégé le Capitole durant neuf mois,
sur l'avis que leur propre territoire était ravagé par les
Vénètes, se retirèrent volontairement après avoir reçu
la rançon des Romains. De tout cela le savant académicien conclut, qu'indépendamment des prodiges ridicules et des fables manifestes qui défigurent l'histoire
des premiers siècles de Rome, cette histoire ne mérite
aucune confiance, sous le rapport même de faits plus
graves, et qui offrent plutôt le caractère de l'héroïsme
que celui du merveilleux. Une conclusion si sévère a
été appuyée de preuves et de conjectures nouvelles
dans la curieuse dissertation de Beaufort, *sur l'incerti-*

cum Tatio in regium consilium delegerat [1] principes, qui appellati sunt propter caritatem
patres; populumque et suo et Tatii [2] nomine et
Lucumonis, qui Romuli socius in sabino prælio
occiderat, in tribus tres [3] curiasque triginta descripserat; quas curias earum nominibus nuncupavit, quæ ex Sabinis virgines raptæ, postea
fuerant [4] oratrices pacis et fœderis: sed quamquam ea [5] Tatio sic erant descripta vivo, tamen
eo interfecto, multo etiam magis Romulus patrum auctoritate consilioque regnavit.

IX. Quo facto primum vidit judicavitque
idem quod Spartæ Lycurgus paulo ante viderat,
singulari imperio et potestate regiâ tum melius
gubernari et regi civitates, si esset optimi cujusque ad illam vim dominationis adjuncta auctoritas. Itaque hoc consilio et quasi senatu [6] fultus

---

[1] Ita cod. posteriore manu; at priore *delegerant*.

[2] Cod. *Tati*, quamquam paulo ante est *Tatii*.

[3] Cod. *tris*. Ita Virg. Æn. V. 56o : « Tris equitum
« turmæ. »

[4] Ita cod. posteriore manu; at priore *fuerunt*.

[5] Ita alterâ manu; at priore *et*.

[6] Cod. priore manu *senatu;* tum super imposita *a*
factumque *sœnatu*. Perversa hæc castigatio haud semel
inferius occurrit in codice.

rité, du temps même de Tatius, réuni en conseil royal des citoyens principaux, auxquels l'affection publique donna le titre de Pères. Il avait partagé le peuple en trois tribus, appelées du nom de Tatius, du sien, et de celui de Lucumon, mort à ses côtés dans le combat contre les Sabins ; et il avait fait une autre division en trente curies, désignées par les noms de celles des jeunes Sabines qui étaient devenues les heureuses médiatrices de l'alliance et de la paix. Mais quoique l'établissement de cet ordre eût commencé pendant la vie de Tatius, après lui. cependant, Romulus régna plus que jamais par l'ascendant et la sagesse du sénat.

IX. En cela, Romulus comprit et adopta ce même principe que Lycurgue à Lacédémone avait aperçu peu de temps avant lui : c'est que l'unité d'empire et la puissance royale valent mieux pour gouverner et régir les états, si l'on peut joindre à cette force de gouvernement

---

tude de l'histoire des premiers siècles de Rome. Cependant cette opinion a trouvé dès l'origine de savans contradicteurs. Un membre de l'académie des belles-lettres, le docte Sallier, réfuta le scepticisme de son collègue M. de Pouilly, dans deux mémoires très-bien faits, où il établit surtout l'existence de monumens antérieurs au cinquième siècle de Rome, et consultés par les premiers auteurs qui écrivirent son histoire. Cicéron parle de ces monumens dans le traité de l'*Orateur*. « Depuis

et munitus, et bella cum finitimis felicissime multa gessit: et cùm ipse nihil ex prædâ domum suam **reportaret**, locupletare cives non destitit. Tunc [1], id quod retinemus hodie magnâ cum salute rei publicæ, auspiciis plurimum obsecutus est Romulus. Nam et ipse, quod principium rei publicæ fuit, urbem condidit [2] auspicatò, et omnibus publicis rebus instituendis, qui sibi essent [3] in auspiciis **ex** singulis tribubus [4] singulos cooptavit augures; et habuit plebem in clientelas principum descriptam; quod quantæ fuerit utilitati [5] post videro [6]: mulctæque dictione [7]

---

[1] Ita cod. pro *tum*, ut alibi.

[2] Cod. *condididit*.

[3] Ita cod. Sed num scribendum *adessent?*

[4] Ita cod. priore manu; at posteriore mendose *tribus.*

[5] Ita cod. posteriore manu; at priore *quante fuerit utilitate.*

[6] Cod. *viderom*; tum *m* fuit deleta. Sane littera *m* sæpe abundat in codice, multo autem rarius desideratur.

[7] Locum hunc e II de Re Pub. citat. Nonius, voc. *pecuniósum et locupletem;* et quidem in plantinianâ et gotofredianâ editione *multaque ditione.* Jam primi verbi mendum satis videtur priscum, namque in membranis ipsis de Re Pub. vaticanis prior manus scripserat *multa,* tum superaddita *e* fuit. Sed bene in parisiacâ Nonii editione *multæque dictione,* sicuti utrumque vocabulum peracute emendaverat Cujacius, Observ. XI. 9. Locum

l'influence morale des meilleurs citoyens. Ainsi,
fort et comme appuyé de ce conseil, de ce sénat,
il fit avec succès plusieurs guerres aux peuples
voisins; et, sans rapporter dans sa propre maison aucune part du butin, il ne se lassa pas
d'enrichir les citoyens. Romulus eut aussi grand
égard à cette institution des auspices, qu'aujourd'hui nous maintenons encore, au grand
profit du salut public: car d'abord il les consulta lui-même pour la fondation de Rome, ce
qui fut la première base de la république; et,
dans la création de tous les établissemens publics, il eut soin également de prendre les
auspices, en s'associant à lui-même, dans cette
cérémonie, un augure tiré de chacune des tribus. Il mit aussi le peuple sous la clientèle
des grands, mesure dont j'examinerai dans la
suite quel fut l'avantage. Les punitions étaient

« les commencemens de Rome, dit-il, jusqu'au ponti-
« ficat de Publius Mucius, le souverain-pontife, en
« mémoire des événemens publics, tenait constamment
« un registre des faits de chaque année, et les inscri-
« vait sur des tables qu'il laissait en vue dans sa mai-
« son, pour que le peuple eût la facilité d'en prendre
« connaissance. Et c'est là ce que l'on nomme encore
« aujourd'hui les grandes annales. » Ailleurs, Cicéron
disait, parlant de ce même recueil: « Où peut-on
« puiser plus aisément que dans les annales la con-
« naissance de nos guerres et de toute notre discipline

ovium et boum [1], quòd tum erat res in pecore et locorum possessionibus, ex quo pecuniosi et locupletes vocabantur, non vi et suppliciis coercebat.

X. Ac Romulus cùm septem [2] et triginta regnavisset annos, et hæc egregia duo firmamenta rei publicæ peperisset, auspicia et senatum [3], tantum est consecutus, ut cùm subito sole obscurato non comparuisset, deorum in numero collocatus [4] putaretur : quam opinionem nemo unquam mortalis adsequi potuit sine eximiâ virtutis gloriâ. Atque hoc eò magis est in Romulo admirandum, quòd cæteri qui dii ex hominibus

---

e II de Re Pub. citat etiam Isidorus, Orig. X. 156. Et quidem recte Grialius dederat in Isidoro *multæ dictione;* verum Arevalus ad Nonium respiciens locum nolens pessumdedit. In gotofredianà autem Isidori editione legitur *multa quæ editione*, in quà pessimâ lectione latet nihilominus scintilla veritatis, namque *e* a voce *multa* translata fuit ad vocem *ditione.*

[1] Ita posteriore manu ; at priore *bouum*, quæ est rectior scriptura, si casuum flexiones spectes.

[2] Cod. *septe.* Jam *m* finalem omitti interdum in antiquis codicibus exploratum est. An vero illud *septe* e linguà rusticà est? Certe ita fere nunc loquuntur Itali.

[3] Ita cod. priore manu ; at posteriore *sœnatum.*

[4] Cod. *conlocatus,* modo *conl.* modo *coll.*

des amendes qui se payaient en bœufs et en
moutons; car toute la fortune consistait alors en
troupeaux et en terres, ce qui même a déter-
miné le choix des expressions par lesquelles, en
latin, on désigne les riches. Romulus n'em-
ployait point d'ailleurs la rigueur et les supplices.

X. Après qu'il eut régné trente-sept ans, et
fondé ces deux illustres appuis de la république,
les auspices et le sénat, étant disparu dans une
soudaine éclipse de soleil, il obtint cette gloire
qu'on le crut transporté parmi les dieux, renommée que nul mortel n'a jamais pu mériter
sans l'éclat d'une vertu extraordinaire; et cette
apothéose est d'autant plus admirable dans Romulus, que les autres hommes divinisés le furent
à des époques peu éclairées, où la fiction était
plus facile, l'ignorance poussant à la crédulité.
Mais nous voyons que Romulus vivait, il y a

« politique? d'où peut-on recueillir, soit pour la con-
« duite, soit pour le discours, un plus riche trésor
« d'exemples imposans et d'irrécusables témoignages? »
    C'est aussi de ces vieux monumens que, dans un
autre passage, il tire des inductions sur l'éloquence de
quelques orateurs des premiers temps de la république.
Enfin il nomme encore ces annales dans les traité des
Lois, au moment même où il convient que les Romains
n'ont pas eu jusqu'à ce jour une histoire digne d'eux, et

facti esse dicuntur, minus eruditis hominum
sæculis fuerunt, ut [1] fingendi proclivis [2] esset
ratio, cùm imperiti facile ad credendum impel-
lerentur. Romuli autem ætatem, minus his
sexcentis [3] annis, jam inveteratis litteris atque
doctrinis, omnique illo antiquo ex incultâ hominum vitâ errore sublato, fuisse cernimus. Nam
si, id quod Græcorum investigatur annalibus,
Roma condita est [4] secundo anno olympiadis
septimæ, in id sæculum Romuli cecidit ætas cùm
jam plena Græcia poetarum et musicorum esset;
minorque fabulis, nisi de veteribus rebus, haberetur fides. Nam centum et octo annis postquam
Lycurgus leges scribere instituit, prima posita
est olympias [5] : quam quidam nominis errore ab

---

[1] Cod. *et;* mox ibi emendatum *ut.*

[2] Male in Augustini contextu (qui hunc locum citat,
Civ. D. XXII. 6) *proclivior;* verum ibi Maurini editores
admonent, in mss. Augustini legi *proclivis,* quæ nunc
lectio mire confirmatur.

[3] Cod. *sescentis.* Recole lib. I. 57. not.

[4] Cod. *st* priore manu; archaismo crebrius usurpato :
at posterior superaddidit *e.*

[5] Locutionem *posita est olympias* græco de fonte Tullius derivat τεθῆναι ἀγῶνα vel ὀλυμπιάδα, uti est apud
Eusebium, Chron. I. 52, ed. mediol. Item quod paulo
post ait *constitutam olympiadem,* manat de græco ὀλυμ-
πιὰς ἐτάχθη. Euseb. ibidem. A Tullii vero auctoritate

moins de six cents ans, dans un temps où les
sciences et les lumières étaient déjà fort anciennes.
et où l'on avait dépouillé ces antiques erreurs
d'une civilisation naissante et grossière. En effet,
si, comme on l'établit par les annales des Grecs,
Rome fut fondée dans la seconde année de la
septième olympiade, l'existence de Romulus se
rapporte au temps que la Grèce était déjà remplie
de poëtes et de musiciens, siècle où des fables
contemporaines n'auraient obtenu que bien peu
de croyance.

En effet, ce fut cent huit ans après la promulgation des lois de Lycurgue, que l'on établit la
première olympiade ; bien que, par une méprise
de nom, quelques auteurs en aient rapporté

---

où il se fait prier par Atticus d'entreprendre ce grand
ouvrage. Voilà donc un point bien prouvé, l'existence
d'annales non interrompues, écrites par le souverain
pontife, renfermant un grand nombre d'événemens,
d'anecdotes, et même des analyses, des fragmens de
discours prononcés au sénat ou devant le peuple.
C'étaient ces recueils anciens, c'étaient les livres des
augures, et les hymnes des prêtres saliens, que Varron
avait étudiés, et où il avait puisé cette connaissance
profonde de l'antiquité romaine, que Cicéron admire
avec enthousiasme, et qui sans doute reposait sur
quelque chose de réel et d'authentique. — A ce premier
genre de monumens, il faut ajouter des actes publics :
par exemple, ces tables de dénombrement dont parle
Denys d'Halicarnasse, et dont Varron cite un passage,

eodem Lycurgo constitutam putant. Homerum autem, qui minimum dicunt, Lycurgi aetati triginta annis anteponunt fere. Ex quo intelligi potest permultis annis ante [1] Homerum fuisse, quàm Romulum : ut jam doctis hominibus ac temporibus ipsis eruditis, ad fingendum vix cui-

---

nimis recedit Eusebius, qui, Chron. lib. II, leges a Lycurgo scriptas ait annis, ferme quinquaginta ante primam olympiadem.

[1] Hoc est codicis folium postremum, cujus nonnisi frustum intimum superest lacerae membranae. Cùm autem cujusque paginae sint duo latercula, folii vero latercula quatuor; hoc quidem in folio nihil reliquum est praeter primi quartique laterculi partes dimidiatas a vertice ad imum. Sedenim prior folii pagina fermæ tota suppletur feliciter ab Augustino locum citante, Civ. D. XVIII. 24, et XXII. 6, quo postremo capite, ne interpolationem aliquam suspicemur, ait Augustinus se verba Ciceronis prout scripta sunt inserere. Desideramus itaque particulam laterculi secundi, laterculum tertium, et quarti dimidium ; supputatis autem spatiis constat ereptas nobis esse litteras circiter ccxxx. En autem hiatum codicis, p. 5o1, laterc. 1 : *te Ho... fuisse... Romu.... ut jam... homi... ac tem... ipsis er... ad fin... vix cui... esset lo... antiqu... nim r... fabula.... etiam n... numqu...* p. 5o2, laterc. 2... *us ne...* etc., ut scribimus in textu. Jamvero paginæ 5o1 supplementa augustiniana, quia certissima sunt, eodem genere litterarum excudo ; supplementa autem paginæ 5o2 litteris inclinatis exaro, quia sunt conjecturalia, etsi **vix** dubia.

l'institution à Lycurgue lui-même. D'autre part, les calculs les plus modérés placent Homère trente ans au moins avant Lycurgue. On peut en conclure aisément, qu'Homère précéda de beaucoup d'années le temps de Romulus. Ainsi l'instruction des hommes et les lumières même du siècle devaient laisser alors peu de place au succès

---

dans son ouvrage sur la *Langue latine*. —Il faut ajouter les anciens traités de paix ou d'alliance, tels que celui dont Denys d'Halicarnasse parle en ces termes : « On « voit encore aujourd'hui, dans le temple de Jupiter- « Fidius, que les Romains appellent *Sancus*, le traité de « Tarquin avec ceux de Gabies ; c'est un bouclier de « bois couvert de la peau du bœuf qui fut immolé après « le serment d'alliance ; et sur cette peau se lisent « écrits en caractères anciens , les articles et les condi- « tions du traité. » Polybe traduit littéralement un autre traité des premiers jours de la république, celui que les Romains firent avec les Carthaginois pour des intérêts de commerce , sous le consulat de Junius Brutus et de Marcius Horatius : et il annonce que l'original de ce traité se conserve encore de son temps dans le trésor des édiles, près le temple de Jupiter Capitolin. Tel était le nombre des monumens de cette nature , qu'au rapport de Suétone, dans l'incendie du Capitole, sous Vespasien , trois mille tables d'airain , qui contenaient , presque depuis l'origine de Rome, les sénatus-consultes, les plébiscites , les chartes d'alliance et de concession, furent détruites ou perdues, et que l'empereur à force de soins , en faisant rechercher d'autres exemplaires des mêmes actes, recomposa ces précieuses

quam [1] esset locus. Antiquitas enim recepit fa-
bulas fictas etiam nonnunquam incondite; hæc
ætas autem jam exculta , præsertim eludens [2]
omne quod fieri non potest , respuit. . . . . *eodem
nomine alius nepos ejus* , ut di*xeru*nt quidam
ex filiâ , quo*niam* ille mor*tuus* eodem *est anno* ;
na*tus Simonides* olympia*de sextâ* et quin-

---

[1] Textus Augustini *quidquam.*

[2] Ita textus Augustini *eludens*, quod vocabulum parum placet Patricio , quamquam vocabulum idem is
observat apud Ciceronem, in Verr. III. 4. In editis fragmentis legitur *jam exculta præsertim et erudita, omne*, etc.
Cave tamen putes id fluxisse ex aliquo Augustini codice, cùm reapse mera fuerit critici alicujus conjectura
et immutatio, quia scilicet apud eumdem Augustinum,
Civ. D. XVIII. 24, ubi aliis verbis eadem recitatur
sententia , scriptum vidit *temporibus jam expolitis et
eruditis*.

[3] Cùm ego hanc lacunam ill. Niebuhrio consideran-
dam obtulissem , is e superstitibus elementis *moni* exs-
culpsit *Simonides* ; quo supplemento nihil ego vidi
verius aut doctius. Datis autem pro suâ humanitate ad
me litteris toti huic Ciceronis loco lucem plurimam
attulit; quarum litterarum verba ipsa hîc scribere pre-
tium operæ est : « In Suidâ lego : Σιμωνίδης Λεωπρεπους
« ιουλιήτης γέγονε δ'επὶ τῆς νϛ ολυμπιάδος ; scilicet natus
« est : nam qui prope nonagenarius ol. LXXVIII obiit,
« nasci debuit ol. LVI. Habemus autem olympiadis nu-
« merum, tum superstites litteras *moni*, quæ, littera-
« rum calculo inito, ex nullo alio vocabulo esse pos-

d'une fiction. L'antiquité, en effet, a pu recevoir des fables, quelquefois même assez grossières ; mais cette époque, déjà cultivée, était prête à repousser par la dérision toute supposition invraisemblable. . . . .

. . . .

---

archives, et, comme dit l'historien, « rétablit ce su- « perbe et antique mobilier de l'empire. » *Instrumentum imperii pulcherrimum ac vetustissimum.*

A côté de ces monumens ainsi conservés dans les archives publiques de l'Etat, il faut placer ces lois des douze tables, que l'on faisait apprendre de mémoire aux enfans, et que Cicéron commente et discute avec tant de respect. On ne peut douter même qu'il ne se fût conservé des lois plus anciennes, et du siècle des rois : Aulu-Gelle et Servius en ont rapporté de courts fragmens ; enfin, Tite-Live cite plusieurs fois les livres écrits sur le lin *libri lintei,* qui ne pouvaient être autre chose que d'anciennes annales publiques, rédigées dans les premiers temps de la grossièreté romaine. Mémoires contemporains, registres pontificaux, actes civils, lois écrites, traités, inscriptions, il existait donc des documens de diverse nature pour les premiers historiens de Rome ; et l'on ne peut démentir leurs récits par un pyrrhonisme universel fondé sur la supposition de leur ignorance. — Ces remarques laissent, il est vrai, subsister de grandes difficultés, de grandes invraisemblances dans l'histoire des premiers temps de Rome. Comment concevoir, par exemple, ce calcul chronologique qui remplit une durée de 242 ans par une succession de sept rois électifs, dont trois seraient morts assassinés, et dont le dernier a été chassé du trône

*qua*gesimâ : *quò f*acilius *intel*ligi pos*sit tu*m de
R*om*uli immortalitate [1] creditum, cùm jam inve-

« sunt. Certe illud mihi extra controversiam esse vi-
« detur, Ciceronem in hâc lacunâ enumeravisse poetas
« græcos qui sub romanis regibus floruerint, atque ita
« desivisse in Simonide sene, qui, cùm reges urbe pel-
« lerentur, quadragenario major erat. Pluribus sane
« locis Græcorum ætates cum Romanorum temporibus
« a Cicerone componi videmus; in Bruto v. gr. et in
« Tusculanis : nominatumque fuisse ante alios Archi-
« lochum propterea mihi persuadeo, quod in Tusc. I. 1,
« sub Romulo floruisse dicitur : id quidem parum ac-
« curate; sed vixit certe ante Romuli excessum : tum
« vero Alcæum, Stesichorum, etc. At Simonidem alium,
« nepotem ex filiâ majoris Simonidis, propterea posui,
« quòd Suidas hæc habet : Σιμωνίδης κεῖος, θυγατριδοῦς
« κατά τινας τοῦ προτέρου, etc. Quæ quidem ex Apollo-
« dori chronicis in Suidam illata esse, tot alii loci com-
« probant : Apollodorum autem Ciceronis ætate omnes
« manibus versabant, qui de illustrium hominum tem-
« poribus quærerent. Neque tamen nego magis mihi
« arrisurum fuisse si licuisset credere Bacchylidem,
« quem græci auctores, quos quidem novi, συγγενῆ
« Simonidis senis vocant, a Cicerone nepotem ejus ex
« filiâ dictum fuisse; nobilissimum quippe haberemus
« pro incognito, qui tamen μελίγηρυς dictus est. Fuerit
« autem ejus commemorandi ratio, quòd Cicero com-
« mittere nolebat, ut recentior nepos, post reges exac-
« tos natus, cum illo vetusto permutaretur. Poetas vero
« istos græcos omnes propterea recensuerat, quia nemo
« ex illorum numero de suis temporibus prodigiosas
« res retulisset. »

[1] Cod. *iam mortalitate;* tum superpositum fuit *im.*

Nouvelle preuve que l'on crut à l'apothéose de Romulus, au milieu d'une civilisation déjà perfectionnée par le temps, l'expérience et la ré-

---

fort long-temps avant sa mort? Cela est bien loin de la supputation de Newton, qui n'admet pour les règnes héréditaires qu'une durée commune et probable de vingt à vingt-deux ans. Comment supposer aussi que Rome ait pu, cent ans après son origine, sous le règne d'Ancus Martius, construire ces étonnans travaux de magnificence et de salubrité, que la République dans sa puissance avait peine à réparer, que l'incurie du moyen âge a laissé dépérir, et dont la grandeur fait dire à Montesquieu : « On commençait déjà à bâtir la « ville éternelle. » — Tout cela sans doute présente un problème fort difficile à résoudre, et que Cicéron n'éclaircit pas. Il faut même avouer que son témoignage augmente plutôt le scepticisme ; car, après avoir beaucoup raisonné sur les institutions de Romulus et de ses successeurs, il lui échappe de dire que, « de toute « cette époque, on ne sait bien positivement que le « nom des rois. » La sagacité des savans pourra donc, autorisée par cet aveu, faire de nouvelles conjectures, et supposer, si elle veut, que Rome étant d'abord une colonie Etrusque, reçut dès l'origine les arts et la civilisation de l'Etrurie ; qu'elle eut sous le règne de ses rois une puissante marine ; qu'elle déchut dans la suite. Les érudits pourront enfin deviner et même affirmer tout ce que Cicéron ne savait pas. Nous nous sommes bornés à exposer les deux points de vue de la question, persuadés qu'en matière si obscure, il faut douter de son scepticisme, autant même que des choses auxquelles on l'applique.

terata vita hominum ac tractata esset et cognita. Sed profecto tanta fuit in eo vis ingenii atque virtutis, ut id de Romulo, Proculo Julio homini agresti crederetur, quod multis jam ante sæculis nullo alio de mortali [1] homines credidissent : qui impulsu patrum, quo illi a se invidiam interitûs Romuli pellerent, in concione dixisse fertur, a se visum esse in eo colle Romulum, qui nunc Quirinalis vocatur: eum sibi mandasse ut populum rogaret ut sibi eo in colle delubrum fieret : se deum esse et Quirinum vocari [2].

XI. Videtis-ne igitur unius viri consilio non solum ortum novum populum, neque ut in cunabulis [3] vagientem relictum, sed adultum [4] jam et pene

---

Atqui delenda erat potius littera *a* ex *iam* ut nos fecimus. Neque enim τὸ *iam* hîc belle retineretur.

[1] Cod. priore manu *mortalil ite ;* mox litteræ quatuor extremæ fuerunt expunctæ.

[2] Sive a *curi* hasta, sive a κοίρχνος, sive a κύριος. Postremam originem tuetur Lydus, Mag. rom. I. 5, qui testibus confirmat, Romulum et ejus æquales haud ignaros fuisse linguæ æolicæ.

[3] Sic lego *in cunabulis* non *incunabulis*. Paulinus item, ep XXXII. 4, inter augustinianas scribit divisim « adul- « tum ætate corporea, in spiritalibus adhuc cunabulis « vagientem. »

[4] Cod. manifeste *aduitum*.

flexion. Sans doute il y avait en lui une grande puissance de vertu et de génie, pour que, sur la foi d'un homme simple, on admît, à l'honneur de Romulus ce que, depuis plusieurs siècles, les hommes n'avaient voulu croire en faveur d'aucun autre mortel. On écouta Proculus[1], lorsque, par l'inspiration des sénateurs, qui voulaient écarter loin d'eux le soupçon de la mort de Romulus, il affirma devant le peuple qu'il avoit vu Romulus sur la colline appelée maintenant *Quirinal*, et qu'il en avait reçu l'ordre d'inviter le peuple à bâtir sur cette colline un temple à ce Dieu nouveau, qui s'appelait *Quirinus*.

XI. Ne voyez-vous donc pas que le génie de cet homme ne se borna point à donner naissance à un peuple nouveau, pour le laisser ensuite dans

---

[1] Cicéron, dans le traité *des Lois*, raille beaucoup cette prétendue apparition de Romulus, et la range sur la même ligne que la fable de Borée et d'Orithie. Mais ce qui est remarquable ici, c'est l'induction qu'il tire de cette même fable, et l'opinion qu'il exprime touchant la civilisation des peuples d'Italie. Les Romains, héritiers de la civilisation étrusque, ou de toute autre, étaient-ils en effet un peuple éclairé dès son origine? Cela contredit les notions ordinaires; mais cela s'accorderait mieux avec ces grands travaux achevés incontestablement avant la république, et qui semblent n'avoir pu appartenir qu'à une époque de puissance et d'industrie.

puberem? Tum Lælius : Nos vero videmus : et te
quidem ingressum ratione ad disputandum novâ,
quæ nusquam est in Græcorum libris. Nam prin
ceps ille, quo nemo in scribendo præstantior fuit,
aream sibi sumpsit in quâ civitatem exstrueret
arbitratu suo [1] ; præclaram ille quidem fortasse,
sed a vitâ hominum abhorrentem et a moribus [2].
Reliqui disseruerunt, sine ullo certo exemplari
formâque rei publicæ, de generibus et de rationibus civitatum [3]. Tu mihi videris utrumque fac-
turus; es enim ita ingressus, ut quæ ipse repe-
rias [4] tribuere aliis malis, quàm, ut facit apud
Platonem Socrates, ipse fingere ; et illa de urbis [5]
situ revoces ad rationem, quæ à Romulo casu
aut necessitate facta sunt ; et disputes non va-
ganti oratione, sed defixâ in unâ re publicâ. Quare
perge, ut instituisti : prospicere enim jam videor

---

[1] Festive hanc formulam *arbitratu suo* usurpat Cicero, in locandis ædificationibus usitatam. Gruter.
CLXXXV. 2.

[2] Cod. priore manu *a majoribus ;* posteriore *moribus*
sine præp. quam ego retineo

[3] Ita codex; at alibi *civitatium.*

[4] Cod. *repperias.*

[5] Cod. *verbis ;* tum fortasse expuncta fuit *e*, quæ sententiam oppido perturbabat.

les langes du premier âge, mais qu'il dirigea son développement et sa jeunesse. Lælius répondit : Nous voyons aussi que vous avez pris une méthode nouvelle de discussion qui ne se retrouve nulle part dans les livres des Grecs. Car ce premier maître que personne n'a surpassé pour l'éloquence, Platon, s'était donné lui-même un libre territoire pour y bâtir une ville au gré de son génie, ville admirablement imaginée peut-être, mais étrangère aux mœurs communes et à la vie réelle des hommes. Les autres, sans se proposer aucun modèle, aucun type particulier de république, ont disserté sur les formes et les constitutions des états. Vous me paraissez, au contraire, réunir les deux méthodes : car, dans la marche que vous avez prise, vous aimez mieux attribuer à d'autres vos découvertes, que d'imaginer en votre propre nom, comme le fait Socrate dans Platon ; et en parlant du site de Rome, vous ramenez à un système ce qui, dans Romulus, fut le résultat du hasard ou de la nécessité ; et vous ne laissez pas errer votre discours sur mille exemples divers ; mais vous le concentrez sur une seule république. Suivez donc la route que vous avez choisie : je crois déjà entrevoir que vous allez examiner successivement les autres règnes,

te reliquos reges persequentem quasi perfectam rem publicam.

XII. Ergo, inquit Scipio, cùm ille Romuli senatus [1], qui constabat ex optimatibus, quibus ipse rex tantum tribuisset, ut eos patres vellet nominari, patriciosque eorum liberos, tentaret post Romuli excessum ut ipse gereret [2] sine rege rem publicam, populus id non tulit; desiderioque Romuli postea regem flagitare non destitit : cùm prudenter illi principes novam et inauditam cæteris gentibus interregni ineundi rationem excogitaverunt, ut quoad certus rex declaratus esset, nec sine rege civitas, nec diuturno rege esset uno, nec committeretur ut quisquam inveteratà potestate aut ad deponendum imperium tardior esset [3], aut ad obtinendum munitior. Quo [4] quidem tempore, novus ille populus vidit tamen id, quod fugit Lacædemonium Lycurgum,

---

[1] Ita cod. priore manu; at posteriore *scœnatus*.

[2] Ita cod. priore manu; at altera fecit *regeret*, quam emendationem haud recipio : prior enim scriptura et latino sermoni satis congruit, et elegantior est quàm *regeret sine rege*. Eamdem tamen scripturæ varietatem apud Augustinum observabimus in hujus libri fine.

[3] Cod. *essed*. Neque emendator quidquam mutavit.

[4] Cod. *quod*, manifesto mendo.

comme offrant une forme de gouvernement entière et complète.

XII. Ce sénat de Romulus, continua Scipion, qui se composait des grands que le Roi avait assez favorisés, pour vouloir qu'ils fussent nommés pères, et leurs enfans patriciens, tenta, après la mort de Romulus, de gouverner sans roi la république : mais le peuple ne le souffrit pas; et, dans le regret de la perte de Romulus, il ne cessa de réclamer un roi. Les grands, alors, imaginèrent prudemment une forme d'interrègne [1] nouvelle et inconnue des autres nations : de sorte qu'en attendant la nomination définitive d'un roi, l'état ne fût ni sans roi, ni soumis trop long temps au même roi, ni exposé à voir quelqu'un, par l'exercice prolongé du pouvoir, contracter de la répugnance à le déposer, ou prendre des forces pour le retenir. Ce peuple nouveau comprit donc une chose ignorée du lacédémonien Lycurgue, qui n'avait pas jugé que le roi dût être électif,

---

[1] Tite-Live, qui est généralement conforme à Cicéron sur ces premiers faits de l'histoire romaine, rapporte que l'autorité était exercée par une réunion de dix sénateurs, dont un seul avait les faisceaux et les licteurs, et qui se renouvelait tous les cinq jours ; il ajoute que cet état provisoire se prolongea pendant une année, et que le peuple, lassé de tant de maîtres, redemanda la royauté.

qui regem non deligendum [1] duxit ; si modo hoc [2] in Lycurgi potestate potuit esse ; sed habendum qualiscumque is foret, qui modo esset Herculis stirpe generatus. Nostri illi etiam tum agrestes viderunt, virtutem et sapientiam regalem, non progeniem, quæri oportere.

XIII. Quibus cùm esse præstantem Numam Pompilium fama ferret, prætermissis suis civibus, regem alienigenam, patribus auctoribus, sibi ipse populus adscivit [3]; cumque ad regnandum sabinum hominem Romam Curibus accivit. Qui ut huc venit, quamquam populus curiatis cum comitiis [4] regem esse jusserat, tamen ipse de suo imperio curiatam legem tulit : hominesque romanos instituto Romuli bellicis studiis ut vidit incensos, existimavit eos paulum ab illâ consuetudine esse revocandos.

XIV. Ac primum [5] agros, quos bello Romulus

---

[1] Cod. priore manu *redigendum ;* mox alterâ manu *diligendum* vetere orthographiâ pro *deligendum.*

[2] Ita posteriore manu ; at primum *hæc.*

[3] Ita posteriore manu ; at primum *adscibit.*

[4] Cod. *comitis* pro *comitiis,* solitâ crasi.

[5] Nonius, qui hunc locum e II de Re Pub. citat., voc. *viritim,* habet *primus.*

si toutefois la question dépendit de Lycurgue, mais avait préféré de garder pour souverain le descendant [1], quel qu'il fût, de la race d'Hercule. Nos Romains, tout rudes et tout grossiers qu'ils étaient alors, sentirent qu'il fallait chercher non pas une descendance royale, mais une sagesse et une vertu dignes du trône.

XIII. La renommée reconnaissant ces qualités éminentes dans Numa Pompilius, le peuple romain, sans tenir compte de ses propres citoyens, se donna lui-même, par le conseil des sénateurs, un roi d'origine étrangère, et il appela de la ville de Cure à Rome, ce Sabin pour régner sur lui. Numa, quoique le peuple l'eût nommé roi, dans des comices par curies, proposa lui-même, touchant la forme de son pouvoir, une loi qui fut également votée par les curies ; et voyant que les institutions de Romulus avaient passionné les Romains pour la guerre, il jugea qu'il fallait affaiblir en eux cette première habitude.

XIV. Et d'abord, il divisa par tête, entre les

______

[1] On ne s'attendra pas, sans doute, à nous voir ici soutenir une thèse contre Scipion ; d'ailleurs, la question est jugée depuis long-temps ; et il suffit d'ajouter un fait. Depuis tant de siècles, dans l'Europe moderne, une seule monarchie a perdu son existence et a été rayée du nombre des états indépendans, celle où la royauté fut élective.

ceperat, divisit viritim civibus : docuitque sine
depopulatione atque prædâ posse eos colendis
agris abundare [1] commodis omnibus : amorem-
que eis otii [2] et pacis injecit ; quibus [3] facillime
justitia et fides convalescit, et quorum patroci-
nio [4] maxime cultus agrorum perceptioque frugum defenditur. Idemque Pompilius et auspiciis
majoribus inventis, ad pristinum numerum duo
augures addidit ; et sacris e principum numero
pontifices quinque præfecit ; et animos, propositis legibus his quas in monumentis habemus ,
ardentes consuetudine et cupiditate bellandi reli-
gionum cæremoniis mitigavit : adjunxitque præterea flamines, salios, virginesque vestales ; omnesque partes religionis statuit sanctissime. Sacrorum autem ipsorum diligentiam difficilem ,
apparatum perfacilem esse voluit. Nam quæ per-
discenda, quæque observanda essent multa constituit, sed ea sine impensâ. Sic religionibus co-

---

[1] Ita cod. posteriore manu ; at priore *abundari*.

[2] Cod. *eoistii ;* tum alterâ manu factum *his otii ;* mihi
vero videtur prior scriptio peccare metathesi, cæterum
nulla littera desiderari.

[3] Ita cod. posteriore manu ; at priore *in quibus*.

[4] Male cod. superadditis alterâ manu duabus *cc*, cùm
prior nullam scripsisset.

citoyens, les terres que Romulus avait conquises; il leur fit comprendre que, sans le secours du pillage et de la guerre, ils pouvaient, par la culture des champs, se procurer tous les avantages; et il leur inspira l'amour du repos et de la paix, le meilleur abri pour faire prospérer aisément la justice et la bonne foi, et la protection la plus puissante pour garantir les travaux des champs et la sûreté des moissons. Pompilius ayant créé des auspices d'un ordre supérieur, ajouta deux augures à l'ancien nombre. Il confia la présidence des sacrifices à cinq pontifes, choisis parmi les principaux citoyens; et par les lois que nous conservons dans nos monumens, il calma les âmes enflammées par l'usage et l'ardeur des combats, et les retint au milieu des tranquilles cérémonies de la religion. Il établit encore les flamines, les saliens, les vierges vestales; et il régla saintement toutes les parties du culte public. Dans l'ordonnance des sacrifices, il voulut que la cérémonie fût très-compliquée, et l'offrande très-simple. En effet, il fixa beaucoup de formes qu'il était nécessaire de connaître et d'observer, mais qui n'exigeaient aucun frais dispendieux. Ainsi, dans la pratique du culte, il rendit la piété plus attentive et moins coûteuse. Ce fut aussi Numa qui mit le premier en usage les marchés, les jeux, et toutes les occasions de rapprocher et d'assembler les hommes. Par ces éta-

lendis operam addidit, sumptum removit : idemque.[1] mercatus, ludos, omnesque conveniundi causas et celebritates invenit. Quibus rebus institutis, ad humanitatem, adque mansuetudinem revocavit animos hominum studiis bellandi jam [2] immanes ac feros. Sic ille cùm undequadraginta annos summâ in pace concordiâque regnavisset, (sequamur enim potissimum Polybium nostrum. quo nemo fuit in exquirendis temporibus diligentior) excessit e vitâ, duabus præclarissimis ad diuturnitatem rei publicæ rebus confirmatis, religione atque clementiâ [3].

XV. Quæ cùm Scipio dixisset : Vere-ne, inquit Manilius, hoc memoriæ proditum est [4], Africane, regem istum Numam Pythagoræ [5] ipsius discipulum, an certe pythagoreum fuisse ? Sæpe

-----

[1] Cod. *ut idemque;* verum *ut* (quod in codice satis videtur expunctum) profecto hîc locum non habet.

[2] Ita cod. alterâ manu ; at priore *tam.*

[3] Cod. *religionem atque clementiam.*

[4] Ita cod. alterâ manu ; at priore *sit.*

[5] Cod. *Pythagoræ-ne ;* sed enim cum hâc particulâ incipiunt posteriore manu supplementa verborum sequentium usque ad *sæpe*, quæ ante omissa fuerant. Itaque et τὸ *ne* videbatur mihi mendosum et minime ferendum.

blissemens il ramena vers la douceur et la bienveillance, des esprits que la passion des armes avait rendu cruels et farouches. Ayant ainsi régné, au milieu de la paix et de l'union la plus profonde, pendant quarante-deux ans, (car nous devons suivre ici, de préférence, notre Polybe, que personne n'a surpassé pour le soin de vérifier les temps et les dates), il quitta la vie [1], après avoir affermi les deux gages les plus puissans de la durée de la république, la religion et la clémence.

XV. Quand Scipion eut achevé ces mots : Est-elle vraie, dit Manilius, la tradition qui suppose que ce roi Numa avait été l'élève de Pythagore lui-même, ou du moins qu'il fut pythagoricien ? Je

---

[1] A cette belle peinture des institutions de Numa, opposerons-nous le pyrrhonisme de Beaufort, qui, dans son savant ouvrage sur la *République romaine*, doute de l'époque et de la durée du règne de Numa ? Remarquons seulement que Cicéron désigne ici formellement les lois de Numa, conservées dans les monumens publics, et qu'il invoque sur un autre point le témoignage ou plutôt le silence des annales publiques : ce qui du moins semble toujours attester l'existence et l'authenticité de ces annales. Au reste, les savans pensent que, dans toutes les suppositions, le culte religieux établi par Numa ne se maintint pas dans sa forme première, et ne ressemblait pas à ce que nous connaissons de la religion des Romains. On sait à ce sujet l'anecdote rapportée par Tite-Live et Pline : vers le

enim hoc de majoribus natu audivimus [1], et ita intelligimus vulgo existimari : neque vero satis id annalium publicorum auctoritate declaratum videmus. Tum Scipio : Falsum est [2], Manli inquit , id [3] totum ; neque solum fictum [4], sed etiam imperite absurdeque fictum : ea sunt enim demum non ferenda in mendacio , quæ non solum facta [5] esse , sed ne fieri quidem potuisse cernimus. Nam quartum jam annum regnante Lucio [6] Tarquinio Superbo [7], Sybarim et Crotonem et in eas Italiæ partes Pythagoras venisse reperitur. Olympias enim secunda et sexagesima eadem Superbi regni initium et Pythagoræ de-

---

[1] Cod. *audibus*; tum ibidem emendatum *audivimus*. Jam et sequentia verba *et ita intellegimus* expuncta fuerunt.

[2] Hîc superponitur in codice *enim* posteriore manu.

[3] *Id* superadditur in codice.

[4] Ita cod. alterâ manu hîc et inferius; at priore *factum*.

[5] Ita cod. priore manu; at posteriore *falsa*. Scilicet emendator ignorabat, recte et eleganter dici *non solum sed*, omisso *non*; quam particulam Cicero et Cæsar fere non ponunt.

[6] Cod. priore manu *M. Lucilio;* sed deinde videtur in codice facta emendatio.

[7] Rursus mendose cod. *Tarquinios*, et deinde *Ybarim*, quæ mox metathesis sublata fuit.

l'ai souvent ouï dire à des vieillards ; et nous savons que c'est l'opinion vulgaire ; mais cela n'est pas clairement indiqué par le témoignage des annales publiques. Fausseté de tout point, reprit l'Africain ; supposition non-seulement fausse, mais ignorante et absurde dans sa fausseté. Car il ne faut jamais tolérer ces suppositions de faits qui non-seulement n'ont pas eu lieu, mais qui, nous le voyons, étaient impossibles. Ce fut, en effet, la quatrième année du règne de Tarquin le Superbe que Pythagore vint à Sybaris, à Crotone, et dans cette portion de l'Italie. La soixante-douzième olympiade est la date commune de l'élévation de Tarquin au trône, et du voyage de Pythagore ; d'où l'on peut conclure,

---

septième siècle de la république, un Romain découvrit dans son champ un coffre de pierre renfermant les livres de Numa sur le droit du sacerdoce et sur la philosophie, écrits, quelques-uns en grec, d'autres en latin. Ces livres portés à Rome et lus par le préteur, sur la déclaration de ce magistrat qu'ils étaient en grande partie destructifs de la religion établie, furent, par l'ordre du sénat, brûlés dans la place publique. Montesquieu donne beaucoup d'importance à ce fait dans une dissertation particulière intitulée, *de la politique des Romains dans la Religion ;* il y voit une preuve du soin constant des législateurs de Rome pour subordonner le culte religieux aux institutions sociales. Tite-Live, à l'endroit où il raconte l'anecdote curieuse des livres de Numa trouvés dans le coffre de pierre, parle

clarat adventum. Ex quo intelligi, regiis [1] annis
dinumeratis, potest, anno fere centesimo et
quadragesimo [2] post mortem Numae primum Italiam Pythagoram adtigisse [3] : neque hoc inter eos,
qui diligentissime persecuti sunt temporum annales, ullâ est [4] unquam in dubitatione versatum.
Dî immortales, inquit Manilius, quantus iste
est hominum et quàm inveteratus error ! Ac tamen facile patior non esse nos transmarinis nec
importatis artibus eruditos, sed genuinis domes-
ticisque virtutibus.

XVI. Atqui multo id facilius cognosces, inquit Africanus, si progredientem rem publicam,
atque in optimum statum naturali quodam itinere et cursu venientem videris. Quin hoc ipso
sapientiam majorum natu esse [5] laudandam,
quòd [6] multa intelliges etiam aliunde sumpta me-

---

[1] Ita cod. alterâ manu; at priore *regis* cum crasi.

[2] Ita cod. alterâ manu; at priore *quatragesimo*.

[3] Ita cod. alterà manu; at priore *adlingisse*; cujusmodi alia occurrunt antiquis in codicibus, v. gr. *re-
linquisse, nanctus.*

[4] Cod. *si* priore manu, at posteriore superposuit *e*.

[5] Cod. *es esse.*

[6] Cod. sine ullâ emendatione *quot* pro *quod*; de quâ
confusione loquentem Longum superius laudavimus.

en calculant la durée des règnes, que cent quarante ans s'étaient écoulés depuis la mort de Numa, quand Pythagore toucha pour la première fois l'Italie ; et ce fait, dans l'esprit des hommes qui ont soigneusement étudié les annales des temps, n'a jamais rencontré le plus léger doute. Grand Dieux ! dit Manilius, que l'erreur contraire est générale et invétérée ! Du reste, je me résigne aisément à croire que notre éducation ne nous est pas venue d'outre-mer et par des connaissances importées, mais qu'elle est due toute entière à des vertus indigènes et domestiques.

XVI. Vous le verrez beaucoup mieux encore, reprit l'Africain, si vous suivez la marche successive de notre république, et son progrès vers la perfection, par un chemin et comme par un mouvement naturel. Vous trouverez encore à louer la sagesse de nos aïeux sur un autre point : beaucoup de choses qu'ils ont empruntées vous paraîtront devenues meilleures chez nous qu'elles ne l'étaient à la source d'où on les a prises, et au lieu même de leur première origine ; et vous comprendrez que le peuple romain s'est agrandi,

---

aussi de cette tradition, qui faisait Numa contemporain et disciple de Pythagore ; et, en ajoutant qu'elle avait été accréditée par l'historien Valérius Antias, il la rejette comme une fable.

liora apud nos multo [1] esse facta, quàm ibi [2]
fuissent unde huc translata essent, atque ubi
primum exstitissent : intelligesque non fortuito
populum romanum, sed consilio et disciplinâ
confirmatum esse, nec tamen adversante fortunâ [3].

XVII. Mortuo rege Pompilio [4], Tullum Hostilium populus regem; interrege rogante, comitiis [5] curiatis creavit [6] : isque de imperio suo,
exemplo Pompilii, populum consuluit curiatim :
cujus excellens in re militari gloria, magnæque
exstiterunt res bellicæ. Fecitque idem, et sepsit
de manubiis [8] comitium et curiam ; constituit-
que jus quo bella indicerentur ; quod per se jus-

---

[1] *Multo* additur posteriore manu.

[2] Cod. *sibi.* Num pro *si ibi?*

[3] Cod. *fortunam.* Geminavit scilicet amanuensis *m*,
quia sequitur *mortuo.* Nisi credendum est potius de-
tractam esse syllabam, quasi scribendum foret *fortúna.
Nam mortuo.*

[4] Ita cod. alterâ manu ; at priore *Popilio.*

[5] Cod. *comittis.*

[6] Cod. priore manu his locis valde mendosus ; sed
posteriore emendatus.

[7] Cod. priore manu *sempsit*; posteriore *sœpsit* cum
diphthongo.

[8] Cod. *manubis* pro *manubiis.* Ob has fortasse Tullus
dicitur *dives* apud Hor., Od. IV. VII. 15.

nou par le hasard [1], mais par une prudence et une discipline qu'à la vérité la fortune n'a pas contrariées.

XVII. Après la mort de Numa, le peuple, sur la proposition d'un entre-roi, créa roi Tullus Hostilius, dans des comices formés par curies ; et Tullus, à l'exemple de Numa, fit délibérer sur son élévation à l'empire les curies assemblées. Sa gloire éclata dans les armes ; et ses exploits militaires furent grands. Il construisit la place des Comices, et le palais du Sénat ; et il les décora de dépouilles triomphales. Il établit des formes légales pour les déclarations de guerre ; et il consacra cet équitable usage par l'intervention religieuse des *féciaux* : au point que toute guerre qui n'était pas ainsi annoncée et déclarée, devait être regardée comme injuste et sacrilége.

----

[1] « De tous les peuples du monde, le plus fier et le « plus hardi, mais tout ensemble le plus réglé dans ses « conseils, le plus constant dans ses maximes, le plus « avisé, le plus laborieux, et enfin le plus patient, a « été le peuple romain. De tout cela s'est formée la « meilleure milice et la politique la plus prévoyante, la « plus ferme et la plus suivie qui fut jamais. » — (Bossuet, *Discours sur l'histoire universelle.*)

tissime inventum sanxit feciali religione, ut omne bellum quod denunciatum indictumque non esset, id injustum esse atque impium judicaretur. Et ut advertatis animum quàm sapienter jam reges hoc nostri viderint tribuenda quædam esse populo, multa enim nobis de eo genere dicenda sunt, ne insignibus quidem regiis [1] Tullus, nisi jussu populi, est ausus uti. Nam ut sibi duodecim lictores cum fascibus anteire liceret *........

. . . .

XVIII. . . . . Neque enim serpit, sed volat

---

* Propterea et istum non creditum inter deos receptum tali morte, quia fortasse quod erat in Romulo probatum, Romani vulgare noluerunt, si hoc et alteri facile tribueretur (a).

(a) Hîc mihi videbatur collocandum fragmentum ab Augustino, Civ. D. III. 15, servatum, cui sic præfatur : « De « Tullo quippe etiam Hostilio, qui tertius a Romulo rex fuit, « qui et ipse fulmine absumptus est, dicit in eisdem (de Re « Pub.) libris Cicero : *Propterea et istum*, etc. » Cæterum hîc Ciceronis locus videtur aliquantum ab ipso Augustino interpolatus, saltem quod adtinet ad flexiones grammaticas. Jam vero prædicto genere mortis periisse Tullum aiunt Livius, I. 31 ; Plinius, II. 53 ; XXVIII. 2 ; Victor; Eutropius; Valerius-Max. IX. xii. 1 ; Appianus apud Photium, cod. LVII. Dionysius autem, III. 35, more suo varias ejus interitûs famas narrat.

[1] Ita alterà manu ; at priore *regis* cum crasi.

Et remarquez bien avec quelle sagesse nos rois comprirent dès-lors ce qu'il fallait accorder au peuple; car nous avons beaucoup à dire sur ce point. Tullus ne se permit pas même de déployer les insignes de la royauté sans l'ordre du peuple : et pour avoir le droit de se faire précéder de douze licteurs, il crut avoir besoin de son aveu [1].

. . . .

XVIII. *MANILIUS ou LÆLIUS.* Cette république dont votre éloquence a tracé les fonde-

---

[1] Une lacune interrompt la suite de ce récit, et mutile le sens de la dernière phrase, que la traduction a facilement suppléée. L'éditeur de Rome croit pouvoir intercaler ici un passage cité par saint Augustin, comme appartenant au second livre du traité *de la République.* Voici le sens de ce court fragment, que nous avons rejeté dans les notes, et qui dédommagera fort peu le lecteur des lacunes si fréquentes de notre manuscrit *palimpseste.*

« Ce genre de mort ne fit pas croire cependant que « Tullus Hostilius eût été reçu parmi les dieux, sans « doute parce que les Romains ne voulurent pas ra-« baisser le prix d'une apothéose admise pour Romu-« lus, en l'accordant facilement à un autre. » Ce peu de mots prouve seulement que Cicéron avait rapporté la mort de Tullus Hostilius, comme on la trouve racontée dans Tite-Live. Dirai-je que cette mort, arrivée par un coup de tonnerre, a donné lieu à un savant moderne, à Lévesque, de supposer que Tullus était fort habile, ou du moins fort curieux en électricité, et qu'il avait péri par une opération mal dirigée?

in optimum statum instituta [1] tuo sermone res publica. *SCIPIO.* Post eum, Numæ Pompilii nepos ex filiâ, rex a populo est Ancus Martius constitutus : idemque [2] de imperio suo legem curiatam tulit. Qui cùm Latinos bello devicisset, adscivit [3] eos in civitatem. Atque idem Aventinum et Cœlium montem [4] adjunxit urbi; quosque agros ceperat, divisit; et silvas maritimas omnes publicavit quas ceperat; et ad ostium Tiberis urbem condidit, colonisque firmavit. Atque ita cùm tres et viginti regnavisset annos, est mortuus [5]. Tum Lælius: Laudandus etiam

[1] Cod. *instituto*, quod mendum videbatur.

[2] Cod. *itemque.*

[3] In codice perperam fit pausa post *adscivit.*

[4] Cœlius *mons*, non *collis*, constanter appellatus videtur a scriptoribus, quos inter est M. Aurelius, ep. a l Front. II. 1. Hinc *cœlimontana* seu melius *cœliomontana regio.*

[5] Cod. *mortus* pro *mortuus.* Est autem prior declinatio magis naturalis. Sed audiamus Augustinum, Civ. D. XIII. 11 : « Non importune arbitror accidisse, « ut hoc verbum quod est *moritur*, in latinâ linguâ nec « grammatici declinare potuerint eâ regulâ quâ cætera « talia declinantur. Namque ab eo quod est *oritur*, fit « verbum præteriti temporis, *ortus* est, et si qua si- « milia sunt. Ab eo vero quod est *moritur*, si quæramus « præteriti temporis verbum, responderi adsolet, *mor-* « *tuus* est, *u* litterâ geminatâ. Convenienter itaque fac-

mens, ne se traîne pas vers la perfection ; elle y marche à grands pas. *SCIPION.* Après Tullus, un descendant de Numa par sa fille, Ancus Marcius, fut établi roi par le peuple ; et il eut aussi le soin de faire sanctionner son pouvoir par une loi *curiate* [1]. Après avoir vaincu les Latins, il les admit au droit de cité dans Rome. Il joignit à la ville le mont Aventin et le mont Cœlius. Il distribua les terres labourables qu'il avait prises dans la guerre ; et il garda dans le domaine public les forêts qu'il avait conquises, et qui étaient voisines de la mer. Il bâtit une ville à l'embouchure du Tibre, et la peupla d'une colonie. Après avoir ainsi régné vingt-trois ans, il mourut. Lælius dit alors : Ce roi mérite sans doute des éloges ; mais l'histoire romaine est obscure, puisque nous savons le nom de la mère de ce roi, et que nous ignorons celui de son père.

---

[1] La répétition de cette circonstance à l'avénement de chacun de ces rois, est fort curieuse. Il ne s'agit pas simplement d'y voir la forme plus ou moins limitée, plus ou moins républicaine, que prenait l'autorité de ces rois électifs. Mais ne peut-on pas en conclure qu'il existait, dans les archives romaines, quelques preuves de l'observation de cette formalité singulière, si soigneusement marquée par Cicéron ? et dès-lors l'histoire des premiers rois de Rome ne pourrait-elle pas paraître plus authentique et mieux attestée qu'on ne le suppose ?

iste rex; sed obscura est historia romana; siquidem istius regis matrem habemus, ignoramus patrem. *SCIPIO*. Ita est, inquit: sed temporum illorum tantum fere regum illustrata sunt nomina.

XIX. Sed hoc loco primum videtur insitivâ [1] quâdam disciplinâ [2] doctior facta esse civitas. Influxit [3] enim non tenuis quidam e Græciâ rivulus in hanc urbem, sed abundantissimus amnis illarum disciplinarum et artium. Fuisse enim quemdam ferunt Demaratum corinthium et honore et auctoritate et fortunis facile civitatis suæ principem [4]; qui cùm Corinthiorum tyrannum Cypselum ferre non potuisset, fugisse cum

---

« tum est, ut quemadmodum id quod significat non « potest agendo, ita ipsum verbum declinari loquendo « non possit. » Ludit scilicet Augustinus in verbi *declinare* duplici significatione. Sedenim Ciceronis vel certe codicis auctoritas lepidis Augustini argutiis contradicit. Quamquam, ut vere dicam, videtur librarii mendum, non tam declinantis *mortus* pro *mortuus*, quàm incaute scribentis: alibi enim hoc ipso in codice scribuntur duæ *uu* hujus vocabuli.

[1] Ita cod. alterâ manu; at priore *insitiba*.
[2] Cod. priore manu *discipulina;* tum *u* expuncta.
[3] Ita cod. posteriore manu; at priore *influcxit*.
[4] Locutio Ciceroni familiaris, v. gr. pro Roscio amer. vi; de Divin. II. 42; ad Fam. VI. 10.

SCIPION. Il est vrài : mais de toute cette époque, il n'y a guère que les noms des rois qui soient entourés de quelque lumière.

XIX. Pour la première fois alors, Rome paraît s'être éclairée par l'influence d'une civilisation adoptive. Ce ne fut pas, en effet, un faible ruisseau détourné dans nos murs [1], mais un fleuve immense qui nous apporta par torrens les sciences et les arts de la Grèce. Un Corinthien, est-il dit à ce sujet, Démarate, le premier homme de son pays par la considération, le crédit et la richesse, ne pouvant sup-

---

[1] Ce fait avoué par les historiens romains, qu'un Grec fut le cinquième roi de Rome, a paru favoriser les conjectures des critiques modernes qui ne voient dans Rome qu'une colonie grecque. Mais cette conjecture n'explique rien. Avant ce roi, corinthien d'origine, Rome avait déjà construit de grands ouvrages qui semblent supposer une civilisation florissante. Ancus Martius fit bâtir, disent tous les historiens, le fameux aquéduc appelé de son nom, et qui, pendant plusieurs siècles, suffit pour fournir à Rome, en abondance, une eau plus salutaire que celle du Tibre. Le témoignage de Pline le naturaliste à cet égard est curieux. « De « toutes les eaux de l'univers, dit-il, la plus célèbre « pour la fraîcheur et la salubrité, c'est l'eau Martia, « illustrée par la reconnaissance et les louanges de « Rome, à laquelle les dieux l'ont accordée parmi tant « de bienfaits. Elle s'appelait autrefois Aufeia, et sa « source Pitonia. Elle prend naissance dans les mon-

magnâ [1] pecuniâ dicitur, ac se contulisse Tarquinios in urbem Etruriæ florentissimam. Cùmque audiret dominationem Cypseli confirmari, defugit [2] patriam vir liber ac fortis, et adscitus est civis a Tarquiniensibus, atque in eâ civitate domicilium et sedes collocavit. Ubi cùm de matrefamiliâs tarquiniensi duo filios procreavisset, omnibus eos artibus ad Græcorum disciplinam erudiit.. . . . .

XX. . . . . . facile in civitatem receptus esset; propter humanitatem atque doctrinam Anco regi familiaris est factus, usque eo ut consiliorum omnium particeps, et socius pene regni putaretur. Erat in eo præterea summa comitas, summa in omnes cives opis, auxilii, defensionis, largiendi etiam benignitas. Itaque mortuo Martio, cunctis populi suffragiis rex est creatus L. Tarquinius [3] : sic enim suum nomen

---

[1] Quoties *g* est ante *n*, toties memini me videre in antiquis codd. si quando vocabulum divideretur, litteram *g* adhærere priori vocabuli parti, *n* autem posteriori. Ergo-ne Hispani, Angli et Germani melius quàm Itali pronunciare hæc verba videntur ?

[2] Ita cod. posteriore manu; at priore *confirmatam, fugit.* Sane Tullius de eodem Demarato, Tusc. V. 37, scribit : « Fugit Tarquinios Corintho. »

[5] Merito ergo Sigonius delebat apud Livium, I. 34,

(porter le joug de Cypselus, tyran de Corinthe,
iavait fui avec de grands trésors, et était venu à
{ Tarquinies, ville très-florissante de l'Etrurie.
.] Instruit bientôt que la domination de Cypselus
a ne faisait que s'affermir, en homme libre et
: courageux, il renonça pour jamais à sa patrie,
? se fit admettre au nombre des citoyens de Tar-
1 quinies, et fixa dans cette ville sa fortune et sa
5 demeure. Ayant eu deux enfans de son union
; avec une femme de cette ville, il les instruisit
1 dans toutes les sciences, sur le modèle de l'édu-
1 cation grecque. . . . .

XX. . . . . . . L'un d'eux fut aisément reçu
: reçu dans Rome; et par la politesse de ses
: mœurs et ses connaissances, il devint cher au
. roi Ancus, et passa pour être associé à tous
ses projets, et partager presque avec lui le soin

« tagnes les plus reculées des Abruzzes. Elle traverse
« le pays des Marses, et le lac Ficin, comme si elle
« voulait gagner Rome. Bientôt elle se perd dans une
« caverne, d'où elle sort près de Tibur, et continue
« son chemin sous des voûtes construites dans une
« longueur de neuf mille pas. Ancus Martius, l'un des
« rois de Rome, forma le premier l'entreprise de la
« conduire dans la ville. Dans la suite, Quintus Mar-
« tius Rex s'en occupa pendant sa préture, et Agrippa
« répara de nouveau ce monument. « *Clarissima aqua-*
rum omnium in toto orbe, frigoris salubritatisque palmá,
præconio urbis, Martia est, inter reliqua deûm munere

ex græco nomine inflexerat, ut in omni genere
hujus populi consuetudinem videretur imitatus.
Isque ut de suo imperio legem tulit, principio
duplicavit illum pristinum patrum numerum;
et antiquos patres majorum gentium appellavit [1],
quos priores sententiam rogabat; a se adscitos,
minorum. Deinde equitatum ad hunc morem
constituit, qui usque adhuc est retentus : nec
potuit Titiensum [2] et Rhamnensium [3] et Lucerum mutare, cùm cuperet, nomina, quòd

---

agnomen *Priscus*, quod ei posteri demum imposuerunt
ut a Superbo distingueretur, uti diserte aiunt Dionysius, IV. 41, et Paulus, voc. *Priscus*. Cæterum Strabo,
V, p. 536, eodem prorsus modo loquitur quo Livius.
Igitur quòd Sigonius castigat Livii lectionem, recte
habet ; quòd vero idem existimat glossema id esse potius quàm Livii errorem, clementius agit. Numquid
enim Strabonis quoque textum glossemate corruptum
dicemus?

[1] Ita cod. posteriore manu ; at priore *appellabit*.

[2] Ita cod., non *Titiensium*. At Plutarchus, Romul. xx,
et Servius ad Æn. V. 560, scribunt *Tatienses*, scilicet
a *Tatio;* non a *Tito Titienses*, ut Livius et Cicero. Recole superius, cap. VIII, not.

[3] Cod. *Rhamensinum;* mox ita expunctæ litteræ ut
reliquum sit *Rhamnium*. Ego vero cunctas retinui,
quia mendum haud excessus, sed metathesis litterarum fecerat. Quamquam nec *Rhamnium* improbave-
rim, quoniam Horatius, p. 342, usurpat *Rhamnes*.

du royaume. Il avait, d'ailleurs, l'humeur la plus affable, et se montrait, à l'égard de tous les citoyens, prodigue de secours, de protection, de services, et même de largesses. Aussi Ancus mort, le peuple, par ses suffrages, choisit pour roi Lucius Tarquin; car il avait ainsi transformé le nom grec de sa famille, afin de paraître imiter en tout les manières de ses concitoyens adoptifs. Dès qu'il eut fait ratifier son autorité par une loi, il s'occupa d'abord de doubler le nombre du sénat. Les anciens sénateurs, qu'il faisait opiner les pre-

---

urbi tributa. Vocabatur hæc quondam Aufeia, fons autem ipse Pitonia. Oritur in ultimis montibus Pelignorum; transit Marsos et Fucinum lacum, Romam non dubie petens. Mox in specus mersa in Tiburtina se aperit novem millibus passibus, fornicibus structis perducta. Primus eam in urbem ducere auspicatus est Ancus Martius, unus e regibus; postea Q. Martius Rex in præturâ; rursusque restituit M. Agrippa. (Plin. *Hist. nat.* lib. XXXI, cap. XXIV.) N'est-il pas assez remarquable qu'il se trouve une conformité de noms entre le roi que Pline suppose le premier fondateur de ce grand ouvrage, et le préteur qui le fit reconstruire, et que cette ressemblance soit encore augmentée par le surnom de *Rex* que portait ce magistrat? Ne peut-on pas en conclure ici quelque méprise de l'orgueil romain, qui se serait plu à reculer la date d'un si précieux monument, pour illustrer à la fois ses antiquités et ce monument même? C'est ainsi que le doute peut encore se mêler aux faits en apparence les plus avérés des premiers temps de Rome.

auctor ei summâ augur gloriâ [1] Attus [2] Nævius
non erat. Atque etiam Corinthios video publicis
equis assignandis et alendis, orborum et vidua-
rum tributis, fuisse quondam diligentes. Sed tamen prioribus equitum partibus, secundis additis, . ∞ . ac CC [3] fecit equites [4]; numerumque

---

[1] Ita posteriore manu; at priore *summâ gloriâ augur*.

[2] Cod. *Tatus*. Sed tamen prior *t* fuit deleta, cùm potius esset metathesis pro *Attus*, uti habet Livius, I. 36.
Cæterum varietates hujus nominis collegit Draken-
borchius ad prædictum Livii locum.

[3] Cod. ∞. ACCC. Mihi vero visum est interpun-
gendum esse ut feci; ita ut prior C sit littera, reliquæ
sint notæ numerales. Jam ad notam ∞ *mille* quod
adtinet, eam Maffeius (Hist. dipl. p. 132-133), in ra-
vennate papyro, circa annum Christi CDXLIV scriptâ,
observavit, ego autem ipse in Verrinarum orationum
palimpsesto mirabili vaticano, p. 81. col. 2. v. 17,
Verrin. II. 25, eamdem video; quem palimpsestum prædictâ papyro antiquiorem existimo : est enim scriptura ejus quadrata perpulchra, ceu plautina illa me-
diolanensis; imo prope speciosior Galbæ imp. honestâ
missione, quæ exstat apud eumdem Maffeium, p. 30.
Papyrus autem illa Ravennâ Romam migravit, et nunc
in vaticanâ bibliothecâ legentium oculis prostat, rudi-
bus plane et festinatis litteris exarata. Eadem nota ∞
est etiam in tabulâ velleiate.

[4] Præclara Ciceronis lectio, quæ Livii, I. 36, mendosum locum purgat, ubi equites dicuntur facti *mille
et octingenti;* felicemque Glareani et Salmasii conjectu-
ram dilaudat, qui legendum in Livio *MCC* jamdiu

…miers, furent appelés les pères des grandes familles ; ceux qu'il avait ajoutés, les pères des
familles de seconde création. Ensuite il régla l'établissement de l'ordre équestre, sur le plan qui
se conserve encore aujourd'hui. Il ne put, malgré
tout son désir, changer les dénominations de Ta-
tiens, Rhamnenses et Luceres, parce que Nævius[1],
augure très-renommé, l'en dissuada. On trouve
chez les Corinthiens l'usage d'assigner des che-
vaux pour le service public, et de les entretenir
par une taxe sur les orphelins et les veuves. Mais
aux premières compagnies équestres Tarquin en
ajouta de nouvelles, qui portèrent le corps des
chevaliers à douze cents ; et il doubla ce nombre,
après avoir soumis les Eques, nation forte, guer-
rière, et menaçante pour Rome. Ayant aussi re-
poussé de nos murs les Sabins, il les poursuivit,
les dispersa et les vainquit. Nous apprenons également que ce roi institua le premier les grands jeux

---

[1] Cicéron laisse de côté la fable ridicule rapportée
par Tite-Live, et ne nous dit pas que l'augure Nævius,
en preuve de la vérité de son art, ait fait le miracle
de couper une pierre avec un rasoir. Pline rapporte
que l'on voyait à Rome, de son temps, une statue éle-
vée en l'honneur de cet augure par le roi. C'est une
preuve de plus de l'observation souvent faite, que les
monumens, même contemporains, ne démontrent nullement la vérité des traditions.

II.   4

duplicavit, postquam bello subegit Æquorum magnam gentem, et ferocem, et rebus populi romani imminentem. Idemque Sabinos cùm a mœnibus urbis repulisset [1], equitatu fudit belloque devicit. Atque eumdem primum ludos maximos, qui romani dicti sunt, fecisse accepimus; ædemque in Capitolio Jovi optimo maximo, bello sabino, in ipsâ pugnâ vovisse [2] faciendam, mortuumque esse cùm duodequadraginta regnavisset annos.

XXI. Tum Lælius : Nunc fit illud Catonis certius, nec temporis unius, nec hominis esse constitutionem rei publicæ : perspicuum est enim quanta in singulos reges rerum bonarum et utilium fiat accessio. Sed sequitur is qui mihi videtur ex omnibus in re publicâ vidisse plurimum. Ita est, inquit Scipio. Nam post eum Servius Sulpicius [3] primus injussu populi re-

---

docuerant. Utinam vero livianæ primæ decados, etsi non integræ, nobilis veronensis palimpsestus aliquando ad verbum exscribatur, ejusque fructus, ut spero non modicus, cum erudito orbe communicetur !

[1] Cod. *reppulisset*, ut alibi.

[2] Ita cod. alterâ manu; at priore *bovisse*.

[3] Ita codex; quamquam posteriore manu expunctis litteris videtur factum *Tullus*. Prænominis certe varie-

appelés *jeux romains*; que dans la guerre sabine, au fort d'une bataille, il promit de consacrer, sur le Capitole, un temple à Jupiter très-grand et très-bon, et qu'il mourut après un règne de trente-huit ans.

XXI. Lælius dit alors: Tout justifie davantage le mot de Caton, que la constitution de la république ne fut l'œuvre ni d'un siècle, ni d'un homme; car on voit clairement quel progrès de choses bonnes et utiles fut amené par la succession de chaque règne. Mais nous sommes arrivés au roi qui me paraît avoir eu, de tous, les plus grandes vues [1] pour l'état. Oui, dit Scipion, après Tarquin, en effet, on place Servius,

---

[1] Cicéron va donner d'assez grands détails sur les institutions établies par Servius. Ces détails, exprimés avec beaucoup d'élégance et de précision, portent sur un point soigneusement exposé par Tite-Live et par Denys d'Halicarnasse. Il semble difficile de douter, d'après le récit circonstancié de ces écrivains, qu'ici l'histoire romaine ne prenne un caractère plus authentique, et que les lois de Servius n'aient, en effet, eu beaucoup d'influence sur la constitution de la république romaine. Tacite, qui ne ménage pas les fausses traditions des premiers temps de Rome, dit dans ses Annales : « Servius fut principalement créateur de « lois auxquelles devaient obéir même les rois. » *Præ*

gnavisse traditur : quem ferunt ex servâ [1] tarqui-
niense natum, cùm esset ex quodam regis cliente
conceptus. Qui cùm famulorum numero educa-
tus ad epulas regis adsisteret, non latuit scintilla
ingenii, quæ jam tum elucebat in puero [2] : sic
erat in omni vel officio vel sermone solers. Itaque
Tarquinius, qui admodum parvos tum haberet
liberos, sic Servium diligebat, ut is ejus vulgo
haberetur filius; atque eum summo studio omnibus iis [3] artibus, quas ipse didicerat, ad exqui-
sitissimam consuetudinem Græcorum erudiit.
Sed, cùm Tarquinius insidiis Anci filiorum in-
terisset, Serviusque, ut ante dixi, regnare

---

tas explorata est ; namque ab Eusebio, Chron. I. 46, 47
et in tabulis, itemque in scholio Sigonii ad Livium,
X. 46, dicitur *Servilius*, quæ est derivatio a *Servio*. Sane
et *Servius Sulpicius Galba* imp. dicitur *Servilius Sulpicius Galba* a Zonarà, XI. 13. Utrum vero apud aliquem
auctorem rex hic non *Tullus* seu *Tullius* audiat, sed
Sulpicius, nondum equidem novi; factum tamen puto,
quandoquidem in Coquæi adnotationibus ad Augustinum, Civ. D. XVIII. 37, video diserte hunc regem
dici *Servium Sulpitium*.

[1] Cod. *ex erva*, extritâ *s* pronunciationis vitio.

[2] Cod. *pueros*. Locutionem sine dubio imitatur Fronto de M. Aurelio scribens, in fragmentis de orationibus,
II. 3 : « Elucebat in puero jam tunc nobilitas mentis.»

[3] Ita cod. posteriore manu; at priore *is*.

qui le premier régna sans un ordre du peuple. On le croit fils d'une femme esclave de Tarquinies, qui avait eu commerce avec un client du roi. Elevé parmi les domestiques du prince, et le servant à table, il fit remarquer le feu d'esprit qui déjà brillait en lui : tant il mettait de dextérité dans ses moindres actions, de grâce dans toutes ses paroles. Aussi, Tarquin qui n'avait que des fils au berceau, le prit en telle affection, que Servius passait généralement pour son fils ; et il l'instruisit avec un soin extrême dans toutes les sciences qu'il possédait lui-même, et sur le plus complet modèle de l'éducation grecque.

―――――――――――――――――

cipuus Servius Tullius sanctor legum fuit quis et reges obtemperarent.

Quoi qu'il en soit de la nature de ces lois, celles qui étaient relatives à la distribution des suffrages subsistèrent, du moins en partie, sous la république ; et les changemens que l'on y introduisit, l'application plus restreinte ou plus étendue qu'on leur donna, furent les plus grands événemens de la politique intérieure de Rome. Ainsi la substitution du vote par tribus au vote par centuries qu'avait établi Tullus : cette substitution tantôt partielle, tantôt générale, tantôt appliquée à l'élection pour certaines magistratures, tantôt à l'adoption des lois, souvent même au jugement des accusés, fut la révolution à la fois la plus décisive et la plus disputée que Rome éprouva dans sa durée républicaine. Il est donc fort curieux de connaître, d'après Cicéron, le système de ces fameuses centuries.

cœpisset non jussu, sed voluntate atque concessu civium [1]; quòd, cùm Tarquinius ex vulnere æger fuisse et vivere falso diceretur, ille regio ornatu jus dixisset, obæratosque pecuniâ suâ liberavisset, multâque comitate usus jussu Tarquinii se jus dicere probavisset, non commisit se patribus, sed, Tarquinio sepulto, populum de se ipse consuluit, jussusque regnare legem de imperio suo curiatam tulit. Et primum Etruscorum [2] injurias bello est ultus; ex quo cum ma.. . . . .

XXII. . . . . scripsit centurias equitum duodeviginti censu maximo. Deinde equitum magno numero ex omni populi summâ separato, reliquum populum distribuit in quinque classes, senioresque a junioribus divisit; eosque ita disparavit, ut suffragia non in multitudinis, sed in locupletium potestate essent; curavitque, quod semper in re publicâ tenendum est, ne plurimum valeant plurimi. Quæ descriptio [3] si esset ignota

---

[1] Ita posteriore manu; at priore *coivium*, qui est archaismus.

[2] Cod. priore manu *rusticorum*; alterâ *Etruscorum*, recte. Confer Dionysium, IV. 12, 27, et Victorem, cap. VII.

[3] Cod. *discriptio*.

Tarquin périt par les embûches des fils d'Ancus; et Servius, comme je l'ai dit, commença de régner sans un ordre des citoyens, mais favorisé de leur bienveillance et de leur aveu. En effet, sur le bruit faussement répandu que Tarquin survivait à sa blessure, Servius parut d'abord emprunter l'appareil royal, soulagea par ses bienfaits les débiteurs obérés, et montrant une grande affabilité, annonça qu'il rendait la justice par ordre de Tarquin. Ainsi, il évita de se confier au sénat. Enfin, après les funérailles de Tarquin, il consulta sur lui-même l'opinion du peuple; et, autorisé à régner, il fit sanctionner son pouvoir par une loi rendue dans les curies assemblées. Il réprima d'abord par les armes les insultes des Etrusques. . . . .

XXII. . . . . . Il institua dix-huit centuries de chevaliers du premier degré; puis ensuite, ayant créé encore un nombre considérable de chevaliers, distinct de la masse populaire, il divisa le reste du peuple en cinq classes, sépara les plus âgés et les plus jeunes. Il régla cette distribution de manière à placer les suffrages dans la main, non de la multitude, mais des riches; et il eut soin, chose importante à maintenir dans le gouvernement, que le plus grand nombre n'eût pas le plus de pouvoir [1]. Cette combinaison, si elle

---

[1] « Servius Tullius suivit dans la composition de ses

vobis explicaretur à me. Nunc rationem videtis
esse talem, ut equitum centuriæ cum sex suffragiis [1], et prima classis, additâ centuriâ quæ
ad summum usum urbis fabris tignariis est data,
LXXXIX [2] centurias habeat : quibus ex centum
quatuor centuriis [3], tot enim reliquæ sunt, octo
solæ si accesserunt, confecta est vis populi uni-
versa : reliquaque multo major multitudo sex
et nonaginta centuriarum neque excluderetur
suffragiis, ne superbum esset; nec valeret nimis,
ne esset periculosum. In quo etiam verbis ac
nominibus ipsis fuit diligens ; qui cùm locupletes assiduos [4] appellasset ab ære dando, eos

---

[1] Ita cod. alterà manu ; at priore *equitum certamine
et suffragiis.*

[2] Ita cod. alterâ manu ; at priore *tantummodo* IX.

[3] Ita cod. alterâ manu ; at priore manu IX *centurias;
tot enim reliquæ sunt*, etc., sine illis verbis *habeat quibus ex centum quatuor centuriis.* Totum hunc vexatissi-
mum locum ill. Niebuhrius sic esse persanandum docte
arbitratur : « Ut equitum centuriæ cum sex suffragiis,
« et prima classis, additâ centuriâ, quæ ad summum
« usum urbis fabris tignariis est data, LXXXVII cen-
« turias habeant : quibus XII centuriæ, tot enim reli-
« quæ sunt equitum, solæ si accesserunt, etc. » Scilicet erunt tunc IC centuriæ, oppositæ reliquæ multitu-
dini XCVI centuriarum.

[4] Cod. *adsiduos.* Charisius autem, p. 58 : « Adsiduus

vous était moins connue , serait expliquée par moi ; mais vous voyez tout le système : les centuries des chevaliers , augmentées de six nouvelles centuries , et la première classe , en y ajoutant une centurie de charpentiers , admis à cause de leur extrême utilité , formaient quatre-vingt-neuf centuries. Réunissez-y seulement huit centuries prises sur les cent quatre centuries restantes , vous avez la force entière du peuple romain : et la multitude bien plus nombreuse qui est répartie dans les quatre-vingt-seize dernières centuries ne se trouvera ni éloignée du droit de suffrage par une superbe exclusion, ni en état d'exercer une dangereuse prépondérance. Servius dans cet arrangement fut même attentif au choix des termes et des dénominations. Il appela les riches

---

« classes l'esprit de l'aristocratie. Nous voyons dans « Tite-Live et dans Denys d'Halicarnasse comment il « mit le droit de suffrage entre les mains des principaux « citoyens. Il avait divisé le peuple de Rome en cent « quatre-vingt-treize centuries , qui formaient six clas- « ses : et mettant les riches , mais en plus petit nom- « bre, dans les premières centuries , les moins riches , « mais en plus grand nombre , dans les suivantes, il « jeta toute la foule des indigens dans la dernière ; et « chaque centurie n'ayant qu'une voix , c'étaient les « moyens et les richesses qui donnaient le suffrage plu- « tôt que les personnes. » (Montesquieu , *Esprit des Lois.*)

4.

qui aut non plus mille quingentum [1] æris, aut omnino nihil in suum censum præter caput attulissent, proletarios nominavit; ut ex iis quasi proles, id est quasi progenies civitatis exspectari videretur. Illarum autem sex et nonaginta centuriarum in unâ centuriâ tum quidem plures censebantur, quàm pene in primâ classe totâ. Ita nec prohibebatur quisquam jure suffragii; et is [2] valebat [3] in suffragio plurimum, cujus plurimum intererat esse in optimo statu civitatem. Quin etiam accensis, velatis, liticinibus, cornicinibus [4], proletariis *. . . . .

---

* Statu esse optimo constitutam rem publicam quæ ex tribus generibus illis, regali et optimati et populari confusa modice, nec puniendo irritet animum immanem ac ferum. (*Nonius*, voc. *medicum*.)

« quidam per *d* scribunt, quasi sit a sedendo figura- « tum, sed errant, etc. » Tum Vindex, p. 2318, diserte jubet scribere per duo *ss assiduus*. Tum idem Charisius : « Qui asses dabant assidui dicti sunt. » Confer et Paulum in hâc voce.

[1] Cod. priore manu *centum;* mox videtur superaddita *D*, id est factum *quingentum*.

[2] Cod. *iis*.

[3] Ita cod. posteriore manu; at priore *valebit*.

[4] Cod. *liticinibus;* tum *litici* videtur deletum, et certe

d'un nom [1] qui indiquait les secours qu'ils donnaient à l'état : et, quant à ceux dont la fortune n'excédait pas quinze cents sols d'airain, ou qui même ne possédaient rien que leur personne, il les nomma *prolétaires*, pour faire voir qu'on leur demandait seulement de donner des enfans et une postérité à l'état. Dans une seule des quatre-vingt-seize dernières centuries, il y avait numériquement plus de citoyens que dans la première classe toute entière. Ainsi, personne n'était exclu du droit de voter ; mais la prééminence dans les suffrages était assurée à ceux qui étaient le plus intéressés au bon ordre de la république [2].

. . . .

[1] L'allusion intraduisible du texte tient à l'emploi du mot latin *assiduus*, dérivé des deux mots *asses dare*, *donner de l'argent*, et appliquée par Servius à la dénomination des riches.

[2] Une lacune de plusieurs pages interrompt cette analyse des lois de Servius. Là se trouvaient des réflexions sur la monarchie mixte, auxquelles se rattache probablement une phrase conservée par le grammairien Nonius, et qui est comme un extrait de la théorie politique développée dans le premier livre. Voici la traduction de cette phrase : « La meilleure constitution politique est celle qui, mêlant dans une juste mesure les trois principes monarchique, aristocratique et populaire, n'effarouche pas les âmes en les aigrissant par la punition. » Ces réflexions conduisaient Scipion à parler de Carthage et de Lacédémone.

XXIII. . . . . . *quinque et* sexagintâ annis antiquior, quòd erat XXXIX ante primam olympiadem condita. Et antiquissimus ille Lycurgus eadem vidit fere. Itaque ista æquabilitas atque hoc tr'plex rerum publicarum genus videtur mihi commune nobis cum illis populis fuisse. Sed quod proprium sit in nostrâ re publicâ, quo nihil possit esse præclarius, id persequar si potero subtilius, quod erit ejusmodi, nihil ut tale ullâ in re publicâ reperiatur. Hæc enim quæ adhuc exposui, ita mixta fuerunt et in hâc civitate et in Lacædemoniorum et in Carthaginiensium, ut temperata nullo fuerint modo. Nam in quâ re publicâ est unus aliquis perpetuâ potestate, præsertim regiâ, quamvis in eâ sit et senatus, ut tum fuit [1] Romæ cùm erant reges, ut Spartæ Lycurgi legibus, et ut [2] sit aliquod etiam populi jus, ut fuit apud nostros reges; tamen illud excellit regium nomen, neque potest ejusmodi res publica non regnum et esse et vocari. Ea autem forma civitatis mutabilis maxime est hanc ob causam,

---

superpositum est *cornici.* Mihi utrumque vocabulum retinendum videbatur. De liticinibus, Gell. xx. 2.

[1] Cod. *fuit et;* sed *et* postea ibidem expunctum.

[2] Ita cod. alterâ manu; at priore *ut et*

XXIII. . . . . Carthage était de soixante-quinze ans plus ancienne que Rome, puisqu'elle fut fondée trente-neuf ans avant la première olympiade ; et dans une antiquité beaucoup plus reculée, Lycurgue avait eu les mêmes vues : ainsi, ce système d'égalité et ce mélange de trois formes de gouvernement me paraît nous avoir été commun avec Carthage et Lacédémone. Mais il est un avantage particulier à notre patrie, avantage auquel rien n'est préférable, que je tâcherai de caractériser avec le plus de justesse qu'il me sera possible, et qui semblera tel que l'on ne saurait, dans aucune autre république, découvrir quelque chose d'analogue. En effet, les élémens divers dont j'ai parlé furent d'abord réunis dans la constitution de Rome, dans celle de Lacédémone et dans celle de Carthage, sans être pondérés par aucun équilibre ; car, dans une société où quelqu'un est investi d'un pouvoir perpétuel, et surtout d'un pouvoir royal, existât-il d'ailleurs un sénat comme à Rome sous les rois, et à Lacédémone par les lois de Lycurgue, ou même le peuple exerçât-il une sorte de juridiction, comme du temps de notre monarchie, ce titre de roi emporte toujours la balance ; et il est impossible qu'un état ainsi constitué ne soit pas un royaume et de fait et de nom. Or, cette nature de gouvernement est sujette aux révolutions, parce qu'il suffit de la faute d'un seul

quòd unius vitio præcipitata in perniciosissimam partem facillime decidit. Nam ipsum regale genus civitatis non modo non est reprehendendum ; sed haud scio an reliquis simplicibus longe anteponendum , si ullum probarem simplex rei publicæ genus. Sed ita quoad [1] statum suum retinet : is est [2] autem status, ut unius perpetuâ potestate et justitiâ omnique [3] sapientiâ regatur salus et æquabilitas et otium civium. Desunt omnino ei populo multa qui [4] sub rege est , in primisque libertas ; quæ non in eo est ut justo utamur domino , sed [5] ut nullo. . . . .

XXIV. . . . . ferebant. Etenim illi injusto domino [6] atque acerbo aliquandiu in rebus gerundis prospere fortuna comitata est. Nam et omne Latium bello devicit ; et Suessam Pometiam urbem opulentam refertamque cepit ; et maximâ auri argentique prædâ locupletatus votum patris Capi-

---

[1] Ita alterâ manu; at priore *hoc ad.*

[2] Cod. priore manu *isset;* tum posteriore manu expuncta prior *s,* additâ aliâ *s* ante *t.* Atqui nullum erat erratum præter metathesim.

[3] Ita alterâ manu ; at priore *omneque.*

[4] *Qui* additur posteriore manu.

[5] Cod. *set* etsi paulo ante *sed.*

[6] Cod. *dominato;* tum expunctæ litteræ *at.*

pour la précipiter vers l'extrémité la plus funeste.

En elle-même, la royauté non-seulement n'est pas une forme vicieuse ; mais je la croirais même fort supérieure à tous les autres gouvernemens simples, si je pouvais pourtant approuver aucune forme simple, en fait de gouvernement. Mais cette préférence ne s'applique à la royauté qu'autant qu'elle garde son caractère ; et ce caractère, c'est que la puissance perpétuelle d'un seul, sa justice et sa haute sagesse garantissent la sûreté, l'égalité et le repos de tous les citoyens. Beaucoup de choses manquent au peuple gouverné par un roi, et d'abord la liberté, qui consiste non pas à dépendre d'un maître juste, mais à n'avoir point de maître [1]. . . . .

XXIV. . . . . . Ce maître injuste et cruel eut quelque temps la fortune pour compagne dans toutes ses entreprises. Il subjugua tout le La-

---

[1] Le but de ces réflexions, dont la fin manque au manuscrit, était sans doute d'établir l'excellence du consulat, et de le considérer comme l'élément le mieux choisi d'un gouvernement mixte. Mais combien Cicéron n'éprouva-t-il pas lui-même, après avoir si glorieusement usé de cette dignité, la faiblesse d'une magistrature passagère, sans cesse usurpée par l'intrigue, vendue par la corruption, envahie par la force, et enfin anéantie par cette terrible dictature, la dernière punition des états où les lois n'ont pas assez conservé de puissance !

tolii ædificatione persolvit ; et colonias deduxit ;
et institutis eorum , a quibus ortus erat, dona
magnifica , quasi libamenta prædarum, Delphos
ad Apollinem misit.

XXV. Hîc ille jam vertetur orbis, cujus naturalem motum atque [1] circuitum a primo discite
agnoscere [2]. Id enim est caput civilis prudentiæ,
in quâ omnis hæc nostra versatur oratio , videre
itinera flexusque rerum publicarum , ut cùm
sciatis quò quæque res inclinet, retinere , aut
ante possitis occurrere. Nam rex ille, de quo loquor, primum optimi regis cæde maculatus, integrâ mente non erat ; et cùm metueret ipse pœnam sceleris sui summam [3], metui se volebat.
Deinde victoriis divitiisque subnixus exultabat
insolentiâ , neque suos mores regere poterat, neque suorum libidines. Itaque cùm major [4] ejus

---

[1] Cod. *adque* etsi paulo ante *atque*.

[2] Ita cod. alterâ manu ; at priore *adque cognoscere*.
Quamquam reapse non *ad* sed *que* et *eo* litteræ tantum
videntur deletæ. Addita est tamen *a* ante *agnoscere*.
Sed scribendu: videtur *atque cognoscite*.

[3] Vocabula a *metueret* ad *metui* posteriore manu supplentur.

[4] Post *major* ponitur in codice punctum crassum
recurvum supra versum, scilicet ne legatur *majore jus*.

tium, il prit Pometia, ville puissante et remplie de richesses : et maître d'une immense proie d'argent et d'or, il acquitta le vœu de son aïeul par la fondation du Capitole. Il forma des colonies ; et, fidéle aux usages du peuple dont il tirait son origine, il fit porter à Delphes, au temple d'Apollon, des dons magnifiques, comme une offrande prélevée sur ses conquêtes.

XXV. Ici commence et naît sous nos yeux ce cercle, dont je vous prie d'étudier le mouvement et la progression dans le premier exemple qui s'en montre. Car le point capital de l'habileté politique, objet de nos discours, c'est de connaître la marche et les déviations des états, afin que sachant vers quel écueil incline chaque gouvernement, vous puissiez le retenir sur le penchant, ou d'avance lui opposer des barrières. Et d'abord, ce roi dont je parle, souillé du meurtre d'un vertueux souverain, n'avait plus l'âme assez libre, et craignant pour lui-même une punition égale à la grandeur de son crime, il voulait se faire craindre. Puis, du haut de ses victoires et de ses trésors, il s'enivrait d'un insolent orgueil, et ne pouvait ni se régler lui-même, ni modérer les passions des siens. Son fils aîné, ayant fait violence à Lucrèce, fille de Tricipitinus, épouse de Collatin, et cette femme noble et pure s'étant frappée d'un coup mortel, en expiation de son outrage, un homme éminent par le génie et la vertu,

filius Lucretiæ, Tricipitini filiæ, Collatini uxori, vim [1] attulisset ; mulierque pudens et nobilis ob illam injuriam sese [2] ipsâ morte mulctavisset ; tum vir ingenio et virtute prætans L. Brutus depulit a civibus suis injustum illud duræ servitutis jugum : qui cùm privatus esset, totam rem publicam sustinuit ; primusque in hâc civitate docuit, in conservandâ civium libertate esse privatum neminem. Quo auctore et principe, concitata civitas et hâc recenti querelâ [3] Lucretiæ patris ac propinquorum, et recordatione superbiæ Tarquinii multarumque injuriarum et ipsius et filiorum, exulem et regem ipsum, et liberos ejus, et gentem Tarquiniorum esse jussit.

XXVI. Videtis-ne igitur, ut de rege dominus exstiterit , uniusque vitio genus rei publicæ ex

---

[1] Ita cod. alterâ manu ; at priore *uxorium*. Confirmat lectionem suam Cicero, Fin. II. 20 : « Stuprata per vim « Lucretia a regis filio. »

[2] Cod. *esse* ; vitiosâ metathesi , quæ correcta deinde fuit, expunctâ priore *s*, aliâque superadditâ.

[3] *Querella* cum duplici *l* constanter prope scribitur in antiquis seu codicibus seu etiam lapidibus. Attamen geminari hoc in vocabulo *l* vetant Caper et Scaurus , p. 2241 , 2249; quorum grammaticorum præceptum præ tot contrariis exemplis vix audiendum videtur : cùm præsertim Papirianus, p. 2290, paulo recentiorem

Junius Brutus, écarta de ses concitoyens le joug illégitime d'une odieuse servitude. Homme privé, il se chargea des destins de tout l'état; et, le premier parmi nous, enseigna cette grande maxime, que lorsqu'il s'agit de sauver la liberté publique, tout homme est magistrat. A sa voix, à son exemple, Rome indignée se souleva; et tout à la fois émue par la douleur si récente du père et des parens de Lucrèce, et par le ressouvenir de la tyrannie de Tarquin [1], et des nombreuses injustices de ses fils et de lui-même, elle prononça le bannissement du roi, de ses enfans, et de toute la famille des Tarquins.

XXVI. Remarquez ici comment du roi sortit le despote, et comment, par le crime d'un seul

---

[1] « Le portrait de Tarquin n'a point été flatté; son « nom n'a échappé à aucun des orateurs qui ont eu à « parler contre la tyrannie; mais sa conduite, avant « son malheur, que l'on voit qu'il prévoyait, sa dou- « ceur pour les peuples vaincus, sa libéralité envers « les soldats, cet art qu'il eut d'intéresser tant de gens « à sa conservation, ses ouvrages publics, son courage « à la guerre, sa constance dans son malheur, une « guerre de vingt ans qu'il fit ou qu'il fit faire au peuple « romain, sans royaume et sans biens, ses continuelles « ressources, font bien voir que ce n'était pas un « homme ordinaire.

« Les places que la postérité donne sont sujettes, « comme les autres, aux caprices de la fortune. Malheur « à la réputation de tout prince qui est opprimé par

bono in deterrimum [1] conversum sit ? Hic est enim dominus populi, quem Græci tyrannum vocant : nam regem illum volunt esse, qui consulit ut parens populo, conservatque eos, quibus est præpositus, quàm optimâ in conditione vivendi. Sane bonum, ut dixi, rei [2] publicæ genus, sed tamen inclinatum et quasi pronum ad [3] perniciosissimum statum. Simul atque enim se inflexit hic rex in dominatum injustiorem, fit continuo tyrannus, quo neque tetrius, neque fœdius, nec diis hominibusque invisius [4] animal ullum cogitari potest : qui, quamquam figurâ est hominis, morum tamen immanitate [5] vastissi-

---

consuetudinem scribendi id vocabulum per duas *l* testetur. Scripturam *querella* retinet lingua hispanica, ut alias bene multas vetustæ latinitatis reliquias.

[1] Cod. *deterrumum* priore manu; at alterâ *deterrimum.*
[2] Cod. *re.*
[5] Ita cod. alterâ manu; sed priore *al*, quod et supra vidimus lib. I. 13.
[4] Vox *invisius* repetitur in margine codicis tamquam notabilis.
[5] Cod. *tamen initate*; tum plures litteræ, quæ legi nequeunt, suprascriptæ fuerunt; quæ tamen additio et litura videtur mihi potius ad augustinianum superimpositum opus pertinere. Verbum correxi ex ipso Tullio, de Off. III. 6, ubi de tyranno sic loquitur : « Ista « in figurâ hominis feritas et immanitas belluæ, a

une forme de gouvernement, de bonne qu'elle était, devint pernicieuse. Voilà bien en effet le vrai caractère du despote que les Grecs appellent tyran ; car ils réservent le nom de roi pour celui qui veille comme un père sur le peuple, et qui maintient ceux dont il est le chef dans la condition de vie la plus heureuse : forme de gouvernement bonne, je l'ai dit, mais qui touche, et, pour ainsi dire, incline à la plus dangereuse de toutes. En effet, un roi a-t-il dévié jusqu'à l'injustice dans le pouvoir, aussitôt il est tyran ; et l'imagination ne peut concevoir un monstre plus épouvantable, plus funeste, plus haï des hommes et des dieux, que le tyran qui, sous la forme humaine, surpasse en cruauté les plus hideux animaux. Peut-on en effet laisser

---

« un parti qui devient le dominant, ou qui a tenté de « détruire un préjugé qui lui survit ! » (*Grandeur et décadence des Romains.*)

Cette hypothèse ingénieuse, et brillamment exprimée, est tout-à-fait démentie par le passage de Cicéron. Appréciateur impartial de la royauté, il semble ici, comme il l'a fait d'ailleurs dans le traité *des Lois*, imputer aux crimes réels de Tarquin, et non à la nature de l'ancien gouvernement de Rome, la haine des Romains pour la monarchie. La même idée se retrouve plus d'une fois dans Tite-Live ; mais elle est plus remarquable dans Cicéron, qui n'écrivait pas sous l'empire des Césars, et qui serait mort pour le combattre.

mas vincit belluas. Quis enim hunc hominem rite dixerit, qui sibi [1] cum suis civibus, qui denique cum omni hominum genere nullam juris communionem, nullam humanitatis societatem velit? Sed erit hoc de genere nobis alius aptior dicendi locus, cùm res ipsa admonuerit ut in eos dicamus, qui etiam liberatâ jam civitate dominationes appetiverunt.

XXVII. Habetis ig ur primum ortum tyranni : nam hoc nomen Græci regis injusti esse voluerunt ; nostri quidem omnes reges vocitaverunt qui soli in populos perpetuam potestatem haberent. Itaque et Spurius [2] Cassius, et M. Manlius [3] et Spurius [4] Mælius [5] regnum occupare voluisse dicti sunt : et modo *Ti. Gracchus.* . . . .
. . . .

XXVIII. Lycurgus γέροντας [6] Lacædemone ap-

« communi tamquam humanitatis corpore segreganda « est. » Sed *feritas* in textum nostrum recipi non potest, si certe prædicta litura ad Tullii textum non pertinet.

[1] Cod. *sinbi*; sed deinde *n* videtur fuisse expuncta.

[2] Ita alterâ manu ; at priore *est Perius.*

[3] Ita priore manu ; at posteriore male *Manilius.*

[4] Ita alterâ manu ; at priore *est Purius.*

[5] Ita alterâ manu ; at priore *Mæcius.*

[6] Scribendam esse græcam vocem γέροντας patebit mox cùm fiet ejusdem interpretatio. Sic autem dicuntur Lycurgi senatores a græcis passim auctoribus.

avec vérité le nom d'homme à celui qui n'admet, entre lui et ses compatriotes, entre lui et l'humanité toute entière, aucune communauté de droits, aucun partage de sentimens humains? Mais nous aurons une occasion plus naturelle d'en parler, quand notre sujet nous aura conduits à nous élever contre les hommes qui, au milieu d'une société dès long-temps affranchie, ont tenté l'usurpation du pouvoir.

XXVII. Vous avez donc sous les yeux le premier modèle du tyran. Les Grecs ont voulu que ce nom désignât le mauvais roi ; et nos Romains ont appelé indistinctement roi, tout homme qui exercerait sur le peuple une puissance perpétuelle et sans partage. Ainsi, l'on a dit que Sp. Cassius, que Manlius, que Sp. Mælius avaient voulu s'emparer de la royauté ; et naguère, Tibérius Gracchus a encouru la même accusation.[1] . . . .

. . . .

XXVIII. Lycurgue, à Lacédémone, forma, sous

---

[1] Cicéron disait au peuple romain, dans son beau discours contre la loi agraire : « Je conserve chère- « ment la mémoire des Gracques, de ces deux illustres « frères qui sacrifièrent leur vie pour faire restituer « au peuple les terres que des particuliers avaient en- « vahies. » Mais il fait parler ici le grand Scipion, l'adversaire des Gracques ; et d'ailleurs lui-même, par le plan de son ouvrage, sans excuser l'odieux assassinat

appellavit [1], nimis his quidem paucos XXVIII [2], quos penes summam consilii voluit esse, cùm imperii summam rex teneret. Ex quo nostri idem illud secuti atque interpretati [3], quos senes ille appellavit, nominaverunt senatum ; ut etiam Romulum patribus lectis fecisse diximus : tamen excellit atque eminet vis, potestas, nomenque regium. Imperti [4] etiam populo potestatis aliquid, ut et Lycurgus et Romulus, non satiaris eum libertate, sed incenderis [5] cupiditate libertatis, cùm tantummodo potestatem gustandi feceris : ille quidem semper impendebit timor, ne rex, quod plerumque evenit, exsistat injustus. Est igitur fragilis ea fortuna populi, quæ posita est in unius, ut dixi antea, voluntate vel moribus.

XXIX. Quare prima sit hæc forma et species

---

[1] Ita posteriore manu ; at priore *appellabit*.

[2] Cod. priore manu XXXVIII ; mox prior nota x fuit expuncta.

[3] Cod. *interprætati* cum diphthongo, quam passim habet hoc verbum in antiquis codicibus. Hîc tamen expuncta fuit *a*.

[4] Cod. *impertit;* tum expuncta posterior *i* mendose, erat enim expungenda potius *t* finalis.

[5] Ita alterâ manu ; at priore *incendires*, vitiosâ metathesi.

le nom de vieillards, un conseil trop peu nombreux, et de vingt-huit membres seulement, auxquels il attribua le droit suprême de délibération, tandis que le roi avait le droit suprême de commandement. Nos Romains imitant son exemple, et traduisant son expression, désignèrent ceux qu'il avait appelés *vieillards*, par le terme de sénat ; c'est ce que fit Romulus à l'égard des Pères qu'il avait choisis : mais dans cette combinaison, la puissance, l'ascendant, le nom de roi s'élève et prédomine toujours. D'une autre part, accordez au peuple quelque portion de pouvoir, comme Lycurgue et Romulus ; vous ne l'avez pas assouvi de liberté ; mais vous avez irrité l'ardeur de sa soif, en lui permettant de goûter ce breuvage. Au moins aura-t-il toujours suspendue sur sa tête la crainte qu'il ne s'élève un roi injuste. Elle est donc fragile, comme je l'ai dit, cette destinée d'un peuple, qui repose toute entière sur les inclinations et la volonté d'un seul homme.

XXIX. Ainsi le premier exemple, le type, l'origine de la tyrannie nous apparaît dans cette république même que Romulus avait fondée de l'aveu des auspices, et nous ne l'empruntons pas

---

de Tibérius et de Caïus, devait réprouver en eux le génie des premiers novateurs qui portèrent atteinte à la vieille constitution romaine. Il est bien à regretter qu'une lacune interrompe ce passage.

et origo tyranni, inventa nobis in eâ re publicâ, quam auspicato [1] Romulus condiderit, non in illâ quam, ut perscripsit Plato, sibi ipse Socrates peripatetico illo in sermone depinxerit. Ut quemadmodum Tarquinius non novam postestatem nactus, sed quam habebat usus injuste, totum genus hoc regiæ civitatis everterit; sit huic oppositus alter, bonus et sapiens et peritus utilitatis dignitatisque civilis, quasi tutor et procurator rei publicæ; sic enim appelletur quicumque erit rector et gubernator civitatis. Quem virum facite ut agnoscatis [2] : est enim qui consilio et operâ civitatem tueri potest. Quod quoniam nomen minus est adhuc tritum sermone [3] nostro, sæpiusque genus ejus hominis erit in reliquâ nobis oratione tractandum. . . . .

. . . .

XXX. . . . . . Plato regionem sedesque civium æquis apprime partibus divisas requisivit, civitatemque, optandam magis quàm sperandam [4],

---

[1] Cod. priore manu *auspicatu*; mox factum *auspicato*.

[2] In codice post *s* punctum appingitur, sive pausæ gratiâ, sive admonendi ne legatur *agnoscat: is est enim*.

[3] Cod. *sermonem*; mox *m* expuncta.

[4] Cod. *spernendam* manifesto mendo pro *sperandam*.

à cette autre cité que, suivant les récits de Platon, Socrate s'était à lui-même figurée, dans les libres entretiens de ses promenades. Nous avons vu Tarquin, non par l'usurpation d'une puissance nouvelle, mais par l'injuste emploi de la puissance qu'il avait, renverser tout ce système d'état monarchique. Opposons à cet exemple celui de l'homme vertueux, sage, éclairé sur l'intérêt et la dignité de ses concitoyens, et qui est comme le tuteur et l'intendant de la république : car c'est le nom qu'il faut donner à tout chef, à tout gouverneur d'une société.

Cet homme est facile à reconnaître : c'est celui qui, par le conseil et l'action, peut protéger l'état. Comme le nom de cet homme n'a pas encore été cité dans nos discours, et que nous aurons à en parler souvent dans la suite, essayons d'en tracer le caractère [1]. . . . .

. . . .

XXX. . . . . . Platon eut soin de supposer un territoire, des établissemens, des fortunes réparties entre les citoyens avec une parfaite égalité ; et, dans le cadre le plus étroit, il établit une ré-

---

[1] Plusieurs pages manquent ici, et nous font perdre ce portrait du sage et vertueux souverain, que Cicéron avait sans doute tracé avec des couleurs dignes du pinceau de Fénélon.

quàm minimam posuit ; non quæ possit esse,
sed in quâ ratio rerum civilium perspici posset,
effecit. Ego autem, si quo modo consequi potuero,
rationibus eisdem quas ille vidit, non in umbrâ
et imagine civitatis, sed in amplissimâ re publicâ enitar, ut cujusque et boni publici et mali
causam tanquam virgulâ videar attingere. His [1]
enim regiis quadraginta annis et ducentis paulo
cum interregnis fere amplius præteritis, expulso-
que Tarquinio, tantum odium populum romanum regalis nominis tenuit, quantum tenuerat
post obitum, vel potius excessum Romuli, desi-
derium. Itaque ut tum carere rege, sic pulso
Tarquinio, nomen regis audire non poterat.
Hic facultatem cum. . . . .

XXXI *. . . . . lex illa tota sublata est. Hâc
mente tum nostri majores et Collatinum inno-
centem suspicione cognationis expulerunt, et
reliquos Tarquinios offensione nominis. Eâdem-
que mente P. Valerius et fasces primus demitti
jussit, cùm dicere in concione cœpisset, et ædes

---

* . . . . Itaque illa præclara constitutio Romuli cùm ducentos annos et quadraginta fere
firma mansisset. (*Nonius, cap. de Doct. indag.*)

[1] Cod. *hiis* pro *his* vel *iis;* cujusmodi alia exempla
in antiquis codicibus sunt.

publique plus désirable que possible. Il n'a pas cherché ce qui pouvait exister, mais un modèle sur lequel on pût étudier le jeu des affaires politiques. Pour moi, si toutefois j'y peux réussir, en m'attachant aux mêmes principes que Platon, je les essaierai, non sur un simulacre et une apparence de société, mais sur la plus puissante république qui fut jamais, de manière à paraître noter du doigt, pour ainsi dire, la cause de tout bien et de tout mal public. Après ces deux cent quarante-deux années toutes monarchiques et quelque temps de plus encore, si l'on compte les interrègnes, Tarquin banni, le peuple romain prit pour le nom de roi autant de haine qu'il avait éprouvé de douleur à la mort, ou plutôt à la disparition de Romulus. Et de même qu'il ne pouvait alors se passer d'un roi, ainsi depuis le bannissement de Tarquin, il ne pouvait entendre prononcer ce même nom de roi. . . . .
. . . .

XXXI. Dans cet esprit, nos ancêtres bannirent Collatin, malgré son innocence, comme suspect par sa famille, et les autres Tarquins en haine de leur nom. Dans ce même esprit, Valérius fit le premier abaisser les faisceaux devant le peuple, lorsqu'il parlait en public ; et il fit reporter au pied du mont Véli les constructions de

suas detulit sub Veliam, posteaquam quòd in excelsiore loco Veliae coepisset aedificare, eo ipso ubi rex Tullus habitaverat, suspicionem populi sensit moveri. Idemque, in quo fuit Publicola maxime, legem ad populum tulit eam quae centuriatis comitiis prima lata est, ne quis magistratus civem romanum adversus provocationem necaret, neve verberaret. Provocationem autem etiam a regibus fuisse declarant pontifici [1] libri, significant nostri etiam augurales : itemque ab omni judicio poenâque provocari licere indicant XII Tabulae compluribus legibus : ut, quod proditum memoriâ est decemviros, qui leges scripserint, sine provocatione creatos, satis ostenderit [2] reliquos sine provocatione magistratus non fuisse. Luciique [3] Valerii Potitii et M. Horatii Barbati, hominum concordiae causâ sapienter popularium, consularis [4] lex sanxit [5],

---

[1] Ita cod. pro *pontificii.* Locum autem hunc legebat Seneca, ep. CVIII.

[2] Cod. *ostenderint;* sed *n* videtur expuncta.

[3] Cod. *L. Q.*

[4] Cod. *conlularis* sine ullà emendatione. Docuimus autem lib. I. 5, scribi interdum *l* aut *s* pro *r*; hîc vero scripta est *l* pro *s.*

[5] Ita posteriore manu; at priore *lex anxit*; ut supra de Re Pub. II. 21, *ex ercâ.*

sa demeure, s'étant aperçu que les travaux qu'il avait commencés pour la bâtir sur le sommet de cette colline, dans le même lieu où avait habité le roi Tullus, excitaient les soupçons du peuple.

Ce fut également lui, et il mérita surtout ainsi le nom de Publicola, qui fit voter par le peuple la première loi reçue dans les comices par centuries, pour défendre à tout magistrat de faire mettre à mort ou frapper de verges le citoyen qui en appelait au peuple. Les livres des pontifes attestent, il est vrai, que le droit d'appel existait contre les décisions des rois. Nos archives augurales le disent aussi ; et les douze tables indiquent par un grand nombre de lois, que l'on pouvait appeler de toute sentence et de toute condamnation. Le fait historique même, que les dix hommes qui rédigèrent les lois furent créés avec l'attribution de juger sans appel, montre assez que les autres magistrats n'avaient pas eu le même privilége. Lucius Valérius et Marcus Horatius, hommes sagement populaires, dans l'intérêt de la concorde, consacrèrent par une loi rendue sous leur consulat, le principe qu'il ne serait pas créé de magistrat qui jugeât sans appel ; et les lois Porcia, ouvrage de trois citoyens du nom de Porcius, n'ajoutèrent, comme vous le savez, rien de nouveau que la sanction pénale. Publicola ayant promulgué cette loi en faveur de l'appel au peuple, fit sur-le-champ ôter les haches

ne qui magistratus [1] sine provocatione crearetur. Neque vero leges porciæ, quæ tres sunt trium Porciorum, ut scitis, quicquam præter sanctionem attulerunt novi. Itaque Publicola, lege illâ de provocatione latâ [2], statim secures de fascibus demi jussit; postridieque sibi collegam Sp. Lucretium subrogavit; suosque ad eum, quòd erat major natu, lictores transire jussit : instituitque primus, ut singulis consulibus alternis mensibus lictores præirent, ne plura insignia essent imperii in libero populo, quàm in regno fuissent. Haud mediocris hic, ut ego quidem intelligo, vir fuit, qui modicâ libertate populo datâ, facilius tenuit auctoritatem principum. Neque ego hæc nunc sine causâ tam vetera vobis et tam obsoleta decanto ; sed illustribus in personis temporibusque exempla hominum rerumque definio, ad quæ reliqua oratio dirigatur [3] mea.

XXXII. Tenuit igitur hoc in statu senatus rem publicam temporibus illis, ut in populo li-

---

[1] Cod. *mag.* quæ est nota vocabuli *magistratus*.

[2] Cod. *sublataperta.* Sed error manifestus in ipso codice emendatus videtur; tulit enim potius legem de provocatione Publicola. Dionys. V. 19 ; Liv. II. 8. Illud certe *perta* expunctum est.

[3] Cod. *derigatur.*

des faisceaux consulaires ; et le lendemain il se donna Sp. Lucrétius pour collègue. Le nouveau consul étant le plus âgé, Publicola lui envoya ses licteurs ; et le premier il établit en usage que chacun des consuls alternativement serait suivi par les licteurs, d'un mois à l'autre, afin que les insignes du pouvoir ne fussent pas plus multipliés dans un état libre qu'ils ne l'étaient sous la royauté. Il ne se montra point à mon sens un homme ordinaire, lorsque, donnant au peuple une liberté modérée, il rendit seulement l'influence des grands plus facile et plus sûre. Je ne rebats pas en ce moment, sans motif, des faits antiques et surannés ; mais choisissant des personnages et des temps bien connus, je pose relativement aux hommes et aux institutions, les modèles sur lesquels je réglerai ce qui me reste à dire.

XXXII. A cette époque, le sénat maintint donc la république dans une telle situation que, chez ce peuple si libre, peu de choses se faisaient par le peuple, presque tout au contraire par l'autorité, les usages et les traditions du sénat, et que les consuls exerçaient une puissance annuelle par la durée, mais royale par sa nature et ses prérogatives. Cependant on conservait, avec beaucoup d'énergie, le point peut-être le plus décisif pour le maintien de la puissance des nobles, le principe que les résolutions du peuple

bero pauca per populum, pleraque senatûs auctoritate: et instituto ac more gererentur; atque uti
consules potestatem haberent tempore duntaxat
annuam [1], genere ipso ac jure regiam. Quodque [2]
erat ad obtinendam [3] potentiam nobilium vel
maximum, vehementer id retinebatur, populi
comitia ne essent rata, nisi ea patrum approbavisset auctoritas. Atque his ipsis temporibus dic-
tator etiam est institutus decem fere annis post
primos consules T. Larcius; novumque id genus
imperii visum est, et proximum similitudini regiæ. Sed tamen omnia summâ cum auctoritate a
principibus, cedente populo, tenebantur : magnæque res temporibus illis a fortissimis viris,
summo imperio præditis, dictatoribus atque consulibus, belli gerebantur.

XXXIII. Sed id quod fieri natura rerum ipsa
cogebat, ut plusculum sibi juris populus adscis-
ceret liberatus à regibus, non longo intervallo,
sexto decimo fere anno, Posthumo Cominio Sp. [4]

---

[1] Cod. *anni annuam;* sed *anni* videtur expunctum.
[2] Ita cod. priore manu; at posteriore *quod qui,* aut
quod quia.
[3] Vox *optinendam* superaddita fuit, et paulo ægrius
legitur.
[4] Cod. *S· P·* puncto interposito.

ne pouvaient être définitives, sans l'approbation du sénat. Vers ce même temps, à peine dix ans après les premiers consuls, on vit l'institution de la dictature en la personne de T. Larcius ; et cette nouvelle espèce de pouvoir parut fort voisine d'une reproduction de la royauté. Cependant tout restait sous la haute influence des grands, le peuple n'opposant pas de résistance ; et dans ces temps, de grandes choses furent faites à la guerre par de vaillans hommes investis d'un grand pouvoir, soit dictateurs, soit consuls.

XXXIII. Mais comme la nature des choses voulait que le peuple [1] s'arrogeât un peu plus de pouvoir, étant une fois affranchi des rois ; dans un intervalle assez court, seize ans après, sous le consulat de Cominius et de Sp. Cassius, il atteignit ce but. La raison manqua peut-être à cette entreprise ; mais la nature des constitutions politiques l'emporte souvent sur la raison. Car retenez bien ce que j'ai dit en commençant : s'il

---

[1] Montesquieu, dans le livre XI de l'*Esprit des Lois*, fait un beau chapitre sur l'état de Rome après l'expulsion des rois ; et quelques-unes de ses réflexions rentrent dans ce que Cicéron exprime ici : «La situation des « choses, dit Montesquieu, demandait que Rome fût « une démocratie ; et cependant elle ne l'était pas : il « fallut tempérer le pouvoir des principaux, et que les « lois inclinassent vers la démocratie. »

Cassio consulibus, consecutus est : in quo defuit fortasse ratio ; sed tamen vincit ipsa rerum publicarum natura sæpe [1] rationem. Id enim tenetote [2], quod initio dixi ; nisi æquabilis hæc in civitate compensatio sit et juris et officii et muneris , ut et potestatis satis in magistratibus, et auctoritatis in principum consilio , et libertatis in populo sit, non posse hunc incommutabilem rei publicæ conservari statum. Nam cùm esset ex ære alieno commota civitas , plebs montem Sacrum prius, deinde Aventinum occupavit. Ac ne Lycurgi quidem disciplina tenuit illos in hominibus græcis frenos : nam etiam Spartæ , regnante Theopompo , sunt item quinque quos illi ephoros appellant; in Cretâ autem decem qui còsmoi vocantur , ut contra consulare imperium tribuni plebis, sic illi contra vim regiam , constituti [3].

XXXIV. Fuerat fortasse aliqua ratio majori-

---

[1] Cod. *sæpa*.

[2] Ita cod. alterâ manu ; at priore *idem teneto*.

[3] Cod priore manu *cosmoi vocantur ut contra consularem constituti*. Intermedia vero addita sunt posteriore manu , quæ nos ægre quidem , sed tamen certissime legimus.

n'existe dans l'état une juste compensation de droits, de devoirs et de prérogatives, de manière à donner assez de puissance aux magistrats, assez d'influence aux délibérations des grands, assez de liberté au peuple, cette forme de gouvernement ne peut se conserver immuable. Ainsi, parmi nous, les dettes excessives des citoyens ayant mis le désordre dans l'état, le peuple se retira sur le mont Sacré, et ensuite sur l'Aventin. L'austère discipline de Lycurgue n'enchaîna pas non plus les mouvemens d'une population grecque. A Sparte aussi, sous le règne de Théopompe, les cinq magistrats que l'on appelait Ephores, en Crète, les dix magistrats nommés *Régulateurs*, furent établis en opposition à la puissance royale, comme les tribuns, parmi nous, pour balancer l'autorité consulaire.

XXXIV. Il y avait peut-être pour nos aïeux quelques moyens de remédier à ce fléau de la dette, moyen que Solon [1] n'avait pas ignoré dans une époque assez récente, et que notre sé-

---

[1] « A Athènes et à Rome, il fut d'abord permis de « vendre les débiteurs qui n'étaient pas en état de payer. « Solon corrigea cet usage à Athènes : il ordonna que « personne ne serait obligé par corps pour dettes ci- « viles, etc. Ces lois cruelles contre les débiteurs mirent « bien des fois en danger la république romaine. Un « homme couvert de plaies s'échappa de la maison de « son créancier, et parut dans la place. Le peuple s'émut

bus nostris in illo ære alieno medendi [1], quæ neque Solonem atheniensem non longis temporibus ante fugerat ; neque post aliquanto nostrum senatum, cùm sunt propter unius libidinem omnia nexa civium liberata, nectierque postea desitum : semperque huic generi cùm plebes [2] publicâ calamitate impendiis debilitata deficeret, salutis omnium causâ aliqua sublevatio et medicina quæsita est [3]. Quo tum consilio prætermisso, causa populo nata est, duobus tribunis plebis per seditionem creatis , ut potentia senatûs atque auctoritas minueretur : quæ tamen gravis et magna remanebat, sapientissimis et fortissimis et armis et consilio civitatem tuentibus ; quorum auctoritas maxime florebat, quòd cùm honore longe antecellerent cæteris, voluptatibus erant inferiores, nec pecuniis ferme superiores : eòque erat cujusque gratior in republicâ virtus, quòd in rebus privatis diligentissime singulos cives operâ, consilio , re tuebantur.

---

[1] Notemus syntaxim *mederi in re aliquâ* ; nisi malumus dicere *in illo ære alieno medendo* contra codicis evidentiam.

[2] Ita pro *plebs*.

[3] Cod. *si* priore manu ; at posterior hîc et inferius videtur addidisse *e*.

nat ne négligea point, le jour où, par l'indignation qu'excita l'odieuse violence d'un créancier, tous les citoyens enchaînés comme débiteurs furent délivrés, et l'esclavage pour dettes désormais interdit. De tout temps, même lorsque les plébéiens succombaient sous le poids des dépenses qu'avait entraînées le malheur public, on chercha dans l'intérêt du salut général quelques secours et quelques soulagemens à leurs maux ; mais le sénat ayant une fois mis en oubli cette politique, ce fut l'occasion dans Rome, d'un changement qui, par la création de deux tribuns dans une émeute populaire, affaiblit le pouvoir et l'ascendant du sénat. Toutefois il lui resta de la force et de la majesté ; elle tenait à la personne de ces hommes aussi sages que courageux, qui protégeaient la république par leurs armes et par leur prudence, et prenaient d'autant plus d'empire sur les esprits que, supérieurs aux autres en dignités, ils leur cédaient dans la recherche des plaisirs, et ne les surpassaient pas en richesses. Leurs vertus

---

« à ce spectacle. D'autres citoyens, que leurs créanciers
« n'osaient plus retenir, sortirent de leurs cachots. On
« leur fit des promesses ; on y manqua : le peuple se
« retira sur le mont Sacré. Il n'obtint pas l'abrogation
« de ces lois, mais un magistrat pour le défendre. On
« sortait de l'anarchie ; on pensa tomber dans la tyran-
« nie. » (Montesquieu, *Esprit des Lois*, liv. XI.)

XXXV. Quo in statu rei publicæ, Sp. [1] Cassium de occupando regno molientem, summâ apud populum gratiâ florentem, quæstor accusavit [2]: eumque, ut audistis, cùm pater in eâ culpâ esse comperisse se dixisset, cedente populo, morte mactavit. Gratamque etiam illam rem [3] quarto circiter et quinquagesimo anno post primos consules de mulctæ sacramento [4] Sp. Tarpeius et A. Aternius [5] consules comitiis centuriatis tulerunt. Annis postea XX ex eo quòd L. Papirius, P. Pinarius, censores mulctis dicendis vim armentorum a privatis in publicum averterant, levis æstimatio pecudum in mulctâ lege C. Julii, P. Papirii [6] consulum constituta est.

XXXVI. Sed aliquot [7] ante annis, cùm summa esset auctoritas in senatu, populo patiente

---

[1] Cod. *S· P·* interposito puncto.

[2] Cod. *accusabit,* et mox *mactabit.*

[3] Ita cod. evidenter *rem.* Sed scribe *legem.*

[4] Locutionem declarat Festus : « Sacramentum æs « significat quod pœnæ nomine penditur. »

[5] Notabilis lectio *Aternius,* quam confirmant fragmenta capitolina, quamque apud Plinium, VII. 28, emend. 91, Harduinus sex in codicibus esse ait.

[6] Consules hujus anni cccxxiv Livius, IV. 3o, habet *L. Papirium* et *L. Julium.*

Cod. *aliquod.*

publiques étaient d'autant plus agréables au peuple que, dans les intérêts privés, ils étaient empressés à servir chaque citoyen, de leurs efforts, de leurs conseils et de leur fortune.

XXXV. Dans cette situation de l'état, Spurius Cassius, enhardi par l'extrême faveur dont il jouissait auprès du peuple, cherchant à s'emparer de la puissance royale, fut accusé par le questeur; et, comme vous le savez, le père même de Cassius, après avoir déclaré qu'il avait la conviction du crime de son fils, le fit mourir de l'aveu du peuple. Environ cinquante-quatre ans après le premier consulat, Tarpéius et Aternius firent une chose agréable au peuple, en proposant dans les comices par curies, l'établissement d'une amende à substituer aux peines corporelles. Vingt années après, comme les censeurs L. Papirius et Pinarius avaient, par l'application de ces amendes, fait passer à l'état les troupeaux entiers des particuliers, la confiscation en nature fut remplacée par une modique évaluation pécuniaire, d'après une loi rendue sous le consulat de C. Julius et de Papirius.

XXXVI. Mais quelques années auparavant, à une époque où le sénat avait la plus haute influence, de l'aveu du peuple qui se montrait soumis et docile, un système nouveau fut adopté : les consuls et les tribuns abdiquèrent leurs char-

atque parente, inita ratio est, ut et consules et [1]
tribuni plebis magistratu se abdicarent, atque ut
decemviri maximâ potestate sine provocatione
crearentur, qui et summum imperium haberent,
et leges scriberent. Qui cum decem tabulas summâ legum æquitate prudentiâque conscripsissent
in annum posterum decemviros alios subrogave-
runt, quorum non similiter fides nec justitia laudata. Quo tamen e collegio laus est illa eximia C.
Julii, qui hominem nobilem L. Sestium, cujus
in cubiculo effossum [2] esse, se præsente, mor-
tuum diceret, cùm ipse potestatem summam
haberet, quòd decemvir [3] sine provocatione esset, vades tamen poposcit; quòd se legem illam
præclaram neglecturum negaret, quæ de capite
civis romani, nisi comitiis centuriatis, statui ve-
taret.

XXXVII. Tertius est annus decemviralis
consecutus, cùm iidem essent, nec alios subroga-
re voluissent. In hoc statu rei publicæ, quem
dixi jam sæpe non posse esse diuturnum, quòd
non esset in omnes ordines civitatis [4] æquabilis,

---

[1] Cod. priore manu *consul esset*.
[2] Cod. *ecfossum*, uti supra *ecferre*, *ecfrenati*.
[3] Cod. *decemvirum*, nisi forte aliqua ibi litura est.
[4] Cod. *civitas;* sed ibidem videtur emendatum *civitatis*.

ges ; et l'on créa dix hommes, revêtus d'une grande autorité sans appel, pour exercer le pouvoir souverain, et rédiger des lois. Après avoir composé, avec beaucoup de prudence et d'équité, dix tables de lois, ils nommèrent pour leur succéder l'année suivante, d'autres décemvirs, qui ne montrèrent pas la même justice et la même loyauté. On cite cependant le trait remarquable de l'un des membres de ce collége, de Julius : C'est à l'égard du patricien Sestius, dans la chambre duquel il déclarait qu'un cadavre avait été exhumé sous ses yeux. Quoiqu'il eût juridiction suprême, comme pouvant juger sans appel, le décemvir admit des cautions, parce qu'il ne pouvait, dit-il, faire oubli de cette admirable loi qui ne permettait qu'aux comices assemblés par centuries, de statuer sur la vie d'un citoyen romain.

XXXVII. Une troisième année suivit sous l'autorité des mêmes décemvirs, et sans qu'ils aient voulu se donner de successeurs. Dans cette situation politique, dont j'ai déjà parlé comme ne pouvant être durable, parce qu'elle n'est pas égale pour tous les ordres de l'état, toute la puissance publique était aux mains des grands, par la nomination unique de dix hommes de la première noblesse, sans le contre-poids des tribuns, sans l'adjonction d'aucune autre magistrature, et sans

erat penes principes tota res[1] publica, præpositis
decemviris nobilissimis ; non oppositis tribunis
plebis , nullis aliis adjunctis magistratibus , non
provocatione ad populum contra necem et ver-
bera relictâ. Ergo horum ex injustitiâ subito
exorta est maxima perturbatio et totius commu-
tatio rei publicæ : qui duabus tabulis iniquarum
legum additis , quibus , etiam quæ disjunctis[2]
populis tribui solent , connubia , hæc illi ut ne
plebei cum[3] patribus essent inhumanissimâ lege
sanxerunt ; quæ postea plebiscito[4] canuleio abrogata[5] est : libidinoseque omni imperio et acerbe
et avare populo præfuerunt. Nota scilicet illa res
et celebrata monumentis plurimis litterarum ,
cùm Decimus quidam Virginius virginem filiam
propter unius ex illis decemviris intemperiem in
foro suâ manu interemisset ; ac mœrens ad exer-
citum , qui tum erat in Algido , confugisset ; mi-
lites bellum illud , quod erat in manibus , reli-

---

[1] Cod. *re*.

[2] Cod. *dijunctis* et recte, pro *disjunctis*.

[3] Ita cod. alterâ manu ; at priore *plebi et patribus*.

[4] Cod. *plebeiscito* priore manu ; at posteriore *plebiscito*,
contra prius exemplum.

[5] Ita cod. alterâ manu ; at priore statim subjunxerat
b τῶ o τοῦ canuleio, quasi auctor uteretur verbo *obro-
gata*, cujus *o* clideretur a præcedente.

recours devant le peuple contre le fouet et la ha-
che. Ainsi, l'injustice de ces hommes produisit
soudainement un grand désordre, et changea
toute la face de la république. Ils ajoutèrent deux
tables de lois tyranniques ; et tandis que l'alliance du mariage est toujours accordée, même à
des peuples étrangers, ils prohibèrent, par la
plus odieuse des lois, toute alliance semblable
entre les plébéiens et les familles des sénateurs ;
ce qui fut dans la suite abrogé par un plébiscite
de Canuleius. Enfin, ils portèrent dans tout leur
gouvernement la dureté, la débauche et l'avarice.
On sait, et tous les monumens littéraires racon-
tent comment Virginius, poussé par les fureurs
d'un décemvir à immoler sa fille [1] de sa propre
main dans la place publique, ayant fui déses-
péré vers l'armée romaine, qui était campée sur
le mont Algide, les soldats abandonnèrent aussi-

---

[1] « Le spectacle de la mort de Virginie, immolée par
« son père à la Pudeur et à la Liberté, fit évanouir la
« puissance des décemvirs. Chacun se trouva libre,
« parce que chacun fut offensé. Tout le monde devint
« citoyen, parce que tout le monde se trouva père. Le
« sénat et le peuple rentrèrent dans une liberté qui
« avait été confiée à des tyrans ridicules. Le peuple ro-
« main, plus qu'aucun autre, s'émouvait par des spec-
« tacles. Celui du corps sanglant de Lucrèce fit finir la
« royauté. Le débiteur qui parut sur la place, couvert
« de plaies, fit changer la forme de la république. La

quisse , et primum montem Sacrum, sicut erat
in simili causâ anteà factum , deinde Aventinum
armatos insedisse [1]. , ...
. . . . majores nostros et probavisse [2] maxime
et retinuisse sapientissime judico.

XXXVIII. Cùm ea Scipio dixisset , silentio-
que omnium reliqua ejus exspectaretur oratio ;
tum Tubero : Quoniam nihil ex te , Africane , hi
majores natu requirunt , ex me audies quid in
oratione tuâ desiderem. Sane, inquit Scipio , et
libenter quidem. Tum ille : Laudavisse [3] mihi
videris nostram rem publicam , cùm ex te non
de nostrâ , sed de omni re publicâ quæsîsset Lælius. Nec tamen didici ex oratione tuâ istam ipsam rem publicam, quam laudas, quâ disciplinâ,
quibus moribus aut legibus, constituere vel conservare possimus.

XXXIX. Hîc Africanus : Puto nobis mox de
instituendis et conservandis civitatibus aptiorem

---

[1] Ita suppleo verba duo ex Livio, III. 5o ; quamquam
Tullius, cap. XXXIII, utitur verbo *occupare* , in cornelianâ autem verbo *considere*. Ipse Livius prædicto loco
semel dicit *insidere* , semel *obsidere*.

[2] Ita cod. alterâ manu ; at priore *probabisse*.

[3] Ita alterâ manu ; at priore *laudabisse*.

tôt la guerre qu'ils avaient à soutenir, et se rendirent d'abord sur le mont Sacré, comme on l'avait vu déjà dans une occasion semblable, puis sur l'Aventin, qu'ils occupèrent en armes. . . . .

. . . .

XXXVIII. Scipion ayant ainsi parlé, comme tout le monde paraissait attendre en silence la suite de son discours, Tubéron dit alors : Puisque mes aînés se taisent et ne vous demandent rien, Scipion, vous allez apprendre de moi ce que votre discours me laisse à désirer. A la bonne heure, et très-volontiers, repartit Scipion. Eh bien ! dit Tubéron, vous me paraissez avoir fait l'éloge de la constitution romaine, tandis que la question de Lælius portait sur toute espèce de gouvernement, et n'était pas bornée seulement au nôtre. Et de plus, je n'ai pas appris dans votre discours par quels principes, par quelles lois, par quelles mœurs nous pouvons fonder ou maintenir ce gouvernement que vous louez tant.

XXXIX. *Scipion*. Je pense que nous aurons bientôt une occasion plus naturelle de discuter

---

« vue de Virginie fit chasser les décemvirs. Pour con« damner Manlius, il fallut ôter au peuple la vue du
« Capitole. La robe sanglante de César remit Rome
« dans la servitude. » (Montesquieu, *Esprit des Lois,*
liv. XI.)

Tubero, fore disserendi [1] locum. De optimo autem statu equidem arbitrabar me satis respondisse ad id quod quæsierat Lælius. Primum enim numero definieram genera civitatum tria probabilia ; perniciosa autem tribus illis totidem contraria ; nullumque ex eis unum esse optimum ; sed id præstare singulis, quod e tribus primis esset modice temperatum. Quòd autem exemplo nostræ civitatis usus sum, non ad definiendum optimum statum valuit, nam id fieri potuit sine exemplo; sed ut a [2] civitate maximâ reapse cerneretur quale esset id quod ratio oratioque describeret. Sin autem sine ullius populi exemplo genus ipsum exquiris optimi statûs, naturæ imagine utendum est nobis ; quoniam tu hanc imaginem urbis et populi ni. . . . .

XL. . . . . [3]. *SCIPIO.* quem jam

---

[1] Cod. priore manu *disserundi*; at posteriore *disserendi.*

[2] Præpositio *a* superaddita fuit.

[3] Exin ad usque libri II finem supersunt in codice paginæ tantum sex. Quæret aliquis quot vel quaterniones vel paginæ in his postremis secundi libri lacunis post quaternionem XXIII amissæ sint? Primi quidem libri quaterniones fuerunt XIII, quorum quatuor proœmium occupavit. Igitur si libro secundo parem molem attribuere licet, is quidem ultra quaternionem

la question de l'établissement et de la durée des états. Quant à la meilleure forme de gouvernement, je croyais sur ce point avoir suffisamment répondu à la question de Lælius ; car j'avais d'abord reconnu trois formes de gouvernemens raisonnables ; puis trois espèces de gouvernemens funestes, qui sont l'opposé des premiers. J'avais dit qu'aucun de ces premiers gouvernemens n'était parfaitement bon ; et j'avais désigné comme préférable à chacun d'eux celui qui serait habilement formé de leur mélange : que si j'ai donné notre république en exemple, cela n'avait point pour objet de définir la meilleure forme de gouvernement : la chose était facile, sans citer aucun exemple. Mais j'ai voulu, dans l'existence même d'un grand état, rendre présent et visible ce que le raisonnement et la parole n'auraient fait que décrire. Maintenant, si vous cherchez le meilleur mode de république, indépendamment de tout exemple particulier, consultez l'image que vous présente la nature [1]. . . . .

XL. . . . . . Voici le caractère que je cherche

---

[1] Ici commence une longue lacune. M. Mai, dans sa note latine, fait une description, pour ainsi dire pathologique, de l'état du manuscrit en cet endroit. Il énumère les cahiers et les pages perdues ; il additionne ces désastres littéraires ; il conjecture par des calculs arithmétiques dans quelle proportion se trouve mutilé ce se-

dudum [1] quæro et ad [2] quem cupio pervenire.
LÆLIUS. Prudentem fortasse quæris [3]? Tum
ille : Istum ipsum. *LÆLIUS.* Est tibi ex eis

XXVI non processit. Verum idem liber paulo infra
potius constitisse videtur; tum quia procemio caruit,
tum quia tertius liber, qui novum procemium præ se
fert, in quaternione XXVII jam dialogum instaurat.
Ergo mihi secundus liber ante dimidium fere quaternionem XXVI desivisse videtur. Id si vere conjicio, folium quidem pp. 19, 20, 25, 26, erit secundum vel tertium quaternionis XXIV aut XXV. Folium autem pp. 9,
10, 5, 4, erit item secundum vel tertium quaternionis
XXVI. Tum folium pp. 207, 208, 201, 202, erit medium
quaternionis XXVII. Denique folium pp. 23, 24, 21, 22,
notam habet inscriptam quaternionis XXVIII. Sed hæc,
ut dixi, conjecturis partim nituntur, neque satis exploratum est quotam omnino partem foliorum aut
quaternionum utrique libro attribuere oporteat. Sed
certe a quaternione XXIII ad libri finem sermo fuit de
naturâ quæ moderationem justitiamque suadet et servat, de imperii ac libertatis naturali temperatione, de
politici hominis prudentiâ ac dexteritate, quem quidem
a se ipso docendo instituendoque initium facere decet.
Exin dicta sunt illa aliquanto latius atque uberius, ut
ait Augustinus, de justitiæ necessitate, libroque imposita coronis fuit.

[1] Cod. *jandudum* pro *jamdudum*.
[2] Cod. *at*.
[3] Ita distinguitur in codice post *quæris*; puncto scilicet adjecto.
[4] Nempe *eis* pro *his*.

depuis long-temps et auquel j'étais impatient d'arriver. *LÆLIUS.* Celui du politique, peut-être? *SCIPION.* Celui-là même. *LÆLIUS.* Vous en avez dans ce moment assez de modèles sous les yeux, à commencer par vous-même. Plût à Dieu, reprit Scipion, que le sénat nous offrît relativement le même nombre! Mais enfin, le politique c'est l'homme qui, comme nous l'avons vu souvent en Afrique, assis sur le col d'un animal monstrueux, maîtrise et gouverne ce colosse, et plutôt même par le signe que par le toucher, le conduit où il veut. *LÆLIUS.* Je le sais, et je l'ai vu, lorsqu'en Afrique je vous servais de lieutenant. *SCIPION.* Aussi un Numide, un Cartha-

______

cond livre, et quelle était son étendue primitive. Respectable sollicitude, qui, indépendamment de tant d'autres preuves incontestables, attesterait, s'il était besoin, la probité littéraire que M. Mai a portée dans cette importante publication! Au reste, en adoptant les soigneuses et tristes évaluations de l'éditeur sur le vide que présente ici le manuscrit, nous n'essaierons nullement d'y suppléer. On voit seulement que Scipion, après être entré sans doute dans des réflexions générales et métaphysiques sur l'origine et la nature du pouvoir, et après en avoir cherché le modèle dans l'ordonnance même de l'univers, était conduit à dessiner le portrait particulier du politique, ou de l'homme d'état, sujet que Cicéron traite avec une orgueilleuse complaisance, et auquel il revenait encore dans le sixième livre de ces mêmes dialogues.

ipsis qui adsunt bella [1] copia, vel ut a te ipso ordiare. Tum Scipio : Atque utinam ex omni senatu pro ratâ parte esset ! Sed tamen est ille prudens, qui, ut sæpe in Africâ vidimus, immani et vastæ insidens belluæ, coercet et regit belluam ; quocumque vult levi admonitu non actu inflectit illam feram. *LÆLIUS.* Novi ; et tibi cùm essem legatus sæpe vidi. *SCIPIO.* Ergo ille Indus aut Pœnus unam coercet belluam et eam docilem et humanis moribus adsuetam : at vero ea quæ latet in animis hominum quæque pars animi mens vocatur, non unam aut facilem ad subigendum frenat et domat, si quando id efficit. quod perraro potest. Namque et illa tenenda est ferox, quæ sanguine alitur, quæ in omni crudelitate sic exsultat, ut vix hominum acerbis funeribus satietur [2]. * . . . .

---

* Cupido autem et expetenti et lubidinoso et volutabundo in voluptatibus. (*Nonius,* voc. *volutabundus.*)

Quartaque anxitudo prona ad luctum et mœrens, semperque ipsa se sollicitans. (*Idem,* voc. *anxitudo.*)

Esse autem angores, si miseriâ afflictas atque

[1] Ita cod. priore manu ; at alterâ mendose *belli.*
[2] Nonius, voc. *exsultare.*

...ginois parvient à conduire une seule de ces bêtes monstrueuses, lorsqu'elle est dressée et familia- risée avec les habitudes de l'homme. Mais le principe qui réside au fond de l'âme humaine, et qui en fait partie sous le nom d'intelligence, doit soumettre au frein et dompter un monstre multi- ple et bien autrement indocile : aussi, rarement il y parvient ; car elle a besoin d'être tenue sous la main, cette bête féroce qui s'abreuve de sang, qui s'emporte si aisément à toute cruauté, et peut à peine se rassasier de victimes humaines [1].

. . . .

----

[1] Ici nouvelle interruption, dont l'éditeur n'essaie pas de mesurer l'étendue. Il se console un peu, en re- cueillant quelques phrases éparses dans les grammai- riens, et qui appartenaient sans doute à cette portion perdue du deuxième livre. Dans l'une de ces phrases, Cicéron compare l'homme d'état imprudent à l'écuyer malhabile qui, renversé du char, est froissé, meurtri, déchiré. Dans une autre phrase, traduite par Lactance, cette même comparaison reçoit un développement plus étendu. « Les passions, disait Cicéron, ressemblent à « un char attelé. Pour bien le diriger, le premier devoir « du conducteur est de connaître le chemin : s'il le suit « une fois, quelle que soit la rapidité de sa course, il « ne heurtera pas ; mais s'il s'est égaré, marchât-il avec « lenteur et précaution, il se débattra sur des terrains « impraticables, il s'abîmera dans les précipices, ou du « moins il se détournera vers des lieux où il n'a que « faire. »

Les autres fragmens de citations rapportés au bas du

XLI. . . . , dici possit. Tum Lælius : Video [1]
jam illum , quem exspectabam , virum cui præfi-
cias officio et muneri. Huic scilicet, Africanus [2], uni pene , nam in hoc fere uno sunt cætera, ut nunquam a se ipso instituendo contem-
plandoque discedat [3], ut ad imitationem suî vocet
alios , ut sese splendore animi et vitæ suæ sicut
speculum præbeat civibus. Ut enim in fidibus
aut tibiis , atque ut in cantu ipso ac vocibus ,
concentus est quidam tenendus ex distinctis
sonis , quem immutatum [4] aut discrepantem au-

---

abjectas timiditate et ignaviâ. (*Idem*, voc. *timor*.)

Ut auriga indoctus e curru trahitur, operitur;
eliditur, laniatur. (*Idem*, voc. *elidere*.)

Concitationes animorum juncto currui similes
sunt, in quo recte moderando summum rectoris
officium est, ut viam noverit : quam si tenebit,
quamlibet concitate ierit, non offendet : si autem
aberraverit, licet placide ac leniter eat, aut per
confragosa vexabitur, aut per præcipitia labetur,
aut certe, quo non est opus, differetur. (*Lactantius*, *Inst.* VI. 17.)

[1] Cod. *video* bis ; sed alterum deinde expunctum. Si
retineretur, fieret quædam emphasis.

[2] Subintellige *inquit*.

[3] Cod. *discendant*, sine ullâ ut videtur emendatione.

[4] Cod. *inmutantum*; sed *n* posterior expuncta. Cœperat nimirum scribi *inmutantem*.

XLI..... Je vois maintenant, dit Lælius, quelle œuvre, quelle tâche vous imposez à cet homme rare que j'attendais. Une seule, reprit Scipion ; car ce seul point comprend tout le reste : je lui impose le devoir de ne jamais suspendre son action et sa surveillance sur lui-même, d'exciter les autres à l'imiter, et d'être enfin, par l'éclatante pureté de son caractère et de sa vie, comme un miroir offert à ses concitoyens. Car, de même que les frémissemens des cordes, les accens des flûtes et les inflexions du chant et de la voix, forment un concert mélangé de sons distincts, et dont les moindres altérations, les moindres dissonances offenseraient une oreille exercée [1]; de même enfin

---

texte ne sont, pour ainsi dire, que des exemples de locutions latines, et n'offrent aucun sens complet et satisfaisant ; l'ensemble de ces faibles débris peut indiquer seulement que Scipion discutait sur les devoirs, les passions, les vertus de l'homme d'état.

[1] Cette belle comparaison nous avait déjà été conservée par saint Augustin ; et Montesquieu l'a même imitée. « Ce que l'on appelle union, dans un corps politique, dit-il, est une chose fort équivoque. La vraie « est une union d'harmonie qui fait que toutes les parties, quelque opposées qu'elles nous paraissent, concourent au bien général, comme des dissonances « dans la musique, qui concourent à l'accord total. » (*Grandeur et décadence des Romains*, chap. X.)

res cruditæ ferre non possunt; isque concentus ex dissimillimarum vocum moderatione concors tamen efficitur et congruens; sic ex summis et infimis et [1] interjectis ordinibus, ut sonis, moderata ratione civitas consensu dissimillimorum concinit : et quæ harmonia a musicis dicitur in cantu, ea est in civitate concordia, arctissimum atque optimum in omni re publicâ vinculum incolumitatis [2]; eaque sine justitiâ nullo pacto esse potest *. . . . .

XLII. . . . . . plenam esse justitiæ. Tum Scipio : Assentior vero ; renuncioque vobis nihil esse quod adhuc de re publicâ dictum putemus, aut [3], quo possimus longius progredi, nisi erit

---

* Ac deinde cùm aliquanto latius et uberius disseruisset (Scipio) quantum prodesset justitia civitati, quantumque obesset si afuisset ; suscepit deinde Philus, unus eorum qui disputationi aderant, et poposcit ut hæc ipsa quæstio diligentius tractaretur, ac de justitiâ plura dicerentur, propter illud quod jam vulgo ferebatur, rem publicam geri sine injuriâ non posse.

[1] Aug. sine *et*, etiam in codd.
[2] Codd. *incolomitatis*.
[3] Augustinus infra in notâ scribendus habet *et*.

que ce concert, par l'habile direction des voix les plus dissemblables, produit l'accord et l'harmonie ; ainsi un état sagement composé de la réunion de trois ordres inégaux, se met en accord par le jeu combiné des élémens les plus divers ; et ce que les musiciens appellent l'harmonie dans le chant, est l'union dans l'état social, l'union, le plus fort et le meilleur gage du salut public, mais impossible à conserver sans la justice. [1] . . .

. . . .

XLII. . . . Scipion reprit : Je partage cette opinion, et je vous déclare que nous devons regarder comme nul tout ce qui a été dit jusqu'à ce mo-

---

[1] Saint Augustin nous apprend à peu près, quoique d'une manière infiniment abrégée, ce que pouvait renfermer le passage qui manque ici. « Lorsque, dit-il, « Scipion eut exposé, avec beaucoup d'abondance et « d'étendue, combien la justice était profitable aux « états, et l'absence de ce principe leur était funeste, Philus, un des auditeurs, prit la parole, et « demanda que ce point fût discuté plus exactement, et « que l'on ajoutât de nouvelles raisons en faveur de la « justice, à cause de l'opinion fort répandue, qui con- « siste à croire que l'on ne peut gouverner sans le se- « cours de l'injustice. » Cette assertion était probable- ment combattue ; et Scipion, comme nous le voyons dans notre texte mutilé, reprenait la parole pour ap- puyer le démenti d'une maxime si funeste, en attendant qu'elle fût détruite par une discussion approfondie, que l'on réserve pour l'entretien suivant.

6.

confirmatum non modo falsum illud [1] esse, sine, injuriâ non posse ; sed hoc verissimum esse, sine summâ justitiâ rem publicam geri nullo modo posse [2]. Sed, si placet, in hunc diem hactenus. Reliqua, satis enim multa restant, differamus in crastinum. Cùm ita placuisset, finis disputandi in eum diem factus est.

M. TULLI CICERONIS

DE RE PUBLICA

LIBER II EXPLICIT.

INCIPIT LIBER III.

---

[1] *Illud* superadditur in codice, et bene habet ; confirmatur enim ab Augustino, qui tamen scribit *esse illud.*

[2] Libere Aug. *geri non posse.*

ment sur la république, et que nous ne devons point passer plus avant, s'il ne demeure établi, qu'il est faux que la chose publique ne puisse être gouvernée sans le secours de l'injustice, et qu'il est au contraire de toute vérité, que la chose publique ne peut être gouvernée sans une suprême justice. Mais, si vous le voulez, c'est assez pour aujourd'hui : remettons la suite à demain ; car beaucoup de choses nous restent encore. Tout le monde ayant approuvé, les entretiens du jour furent terminés.

DE LA RÉPUBLIQUE.

LIVRE III.

EPITOME LIBRI TERTII,

ex Augustino, de Civitate Dei, lib. II, 21.

In tertio libro magnâ conflictatione res acta est. Suscepit enim Philus ipse disputationem eorum qui sentirent sine injustitiâ regi non posse rem publicam, purgans se præcipue, ne hoc ipse sentire crederetur : egitque sedulo pro injustitiâ contra justitiam, ut hanc esse utilem rei publicæ, illam vero inutilem, veri similibus rationibus et exemplis velut conaretur ostendere. Tum Lælius, rogantibus omnibus, justitiam defendere adgressus est, adseruitque quantum potuit, nihil tam inimicum quàm injustitiam civitati, nec omnino nisi magnâ justitiâ geri aut stare posse rem publicam. Quâ quæstione quantum satis visum est pertractatâ, Scipio ad intermissa revertitur, recolitque suam atque commendat brevem rei publcæ definitionem [1], quâ dixerat eam esse rem populi : populum autem non omnem cœtum multitudinis, sed cœtum

---

[1] Cod. unus antiq. *diffinitionem* ; alter antiquior priore manu *def.* alterâ *diff.* Ita variant etiam inferius.

ANALYSE DU TROISIÈME LIVRE,

tirée de la Cité de Dieu, livre II. chap. 21.

Dans le troisième livre, la question est fort vivement discutée. Philus s'est chargé de soutenir la thèse de ceux qui pensaient que l'on ne peut gouverner sans le secours de l'injustice. Il se défend de partager lui-même cette opinion; mais il plaide soigneusement pour l'injustice contre la justice, s'efforçant, par des exemples et des argumens spécieux, de montrer la première comme aussi utile aux états que l'autre leur est dommageable. Alors Lælius, à la prière de tout le monde, entreprit de défendre la justice, et soutint de toutes ses forces, que rien n'était si mortel aux états que l'injustice, et qu'il n'y avait pour les états ni gouvernement ni existence possible, sans une suprême justice. Ce point suffisamment débattu, Scipion revient à la discussion principale, et il reproduit et fait valoir la courte définition qu'il avait donnée de la république, en l'appelant chose du peuple, et en désignant par ce mot de peuple, non pas toute agrégation, mais celle-là seulement qui est

juris consensu et utilitatis communione sociatum esse determinat. Docet deinde, quanta sit
in disputando definitionis utilitas: atque ex illis
suis definitionibus colligit, tunc esse rem publicam, id est rem populi, cùm bene ac juste
geritur, sive ab uno rege, sive a paucis optimatibus, sive ab universo populo. Cùm vero injustus est rex, quem tyrannum, more græco, appellavit; aut injusti optimates, quorum consen-
sum dixit esse factionem; aut injustus ipse populus, cui nomen usitatum non reperit, nisi
ut etiam ipsum tyrannum vocaret; non jam
vitiosam, sicut pridie fuerat disputatum, sed,
sicut ratio ex illis definitionibus conexa[1] do-
cuisset, omnino nullam esse rem publicam :
quoniam non esset res populi, cùm tyrannus
eam factiove[2] capesseret; nec ipse populus jam
populus esset si esset injustus, quoniam non
esset multitudo juris consensu et utilitatis communione sociata, sicut populus fuerat definitus.

---

[1] Ita antiquior cod. *n* pro *nn*; quæ est bona scriptura,
et aliis exemplis confirmata.

[2] Edd. et codd. *factione* mendose.

liée par l'adoption du même droit et la communauté des mêmes intérêts. Il rappelle ensuite combien les définitions sont importantes dans tout débat ; et il conclut de celles qu'il avait établies, qu'il existe réellement une chose publique, c'est-à-dire une chose du peuple, toutes les fois qu'elle est régie avec sagesse et justice, ou par un roi, ou par un petit nombre de grands, ou par l'universalité du peuple. Mais que le roi soit injuste, supposition dans laquelle il l'appelait tyran ; ou les grands injustes, ce qui de leur union fait une faction ; ou le peuple injuste, ce qui ne laisse plus d'autre nom à lui donner que le nom même de tyran : alors, disait-il, non-seulement la république est corrompue, comme on le soutenait hier, mais, comme le démontre un argument qui sort de nos définitions précédentes, elle a cessé d'être ; car elle ne serait plus la chose du peuple, lorsqu'un tyran ou une faction la maîtriserait ; et le peuple lui-même ne serait plus un peuple, s'il était injuste, puisqu'il ne serait plus une multitude réunie par l'adoption du même droit et la communauté des mêmes intérêts, suivant notre définition du peuple.

M. TULLI CICERONIS
DE RE PUBLICA
LIBER TERTIUS.

I. . . . . . . ET vehiculis tarditati* : eademque
cùm accepisset homines inconditis vocibus in-
choatum ¹ quiddam et confusum sonantes, inci-

---

*. . . . . In libro tertio de Re Publicâ Tullius
hominem dicit non ut a matre, sed ut a novercâ
naturâ, editum in vitam, corpore nudo, fragili et
infirmo; animo autem anxio ad molestias, humili
ad timores, molli ad labores, prono ad libidines:
in quo tamen inesset tamquam obrutus quidam
divinus ignis ingenii et mentis. (*Augustinus contra
Julianum Pelag. iv.ff.* 6o.)
Homo cùm fragilis imbecillisque nascatur, tamen et a mutis omnibus tutus est; et ea omnia quæ

¹ Codex *incohatum*. Ita videtur emendatus sigms
appositis alterâ manu; at prior manus scripserat *in-
choatum*.

LA RÉPUBLIQUE.

LIVRE TROISIÈME.

I. . . . . . .[1] L'homme ne faisait d'abord entendre d'une voix bruyante que des sons confus
et imparfaits. L'intelligence lui apprit à séparer,
à varier les articulations ; elle attacha des mots

---

[1] Cicéron avait fait précéder le troisième entretien
par un prologue, où il parlait en son nom. Ce qui reste
ici de ce début présente d'assez grandes pensées, pour
donner une haute idée du morceau original. On voit
que pour préluder à l'examen approfondi de la question
de la justice, qui renferme nécessairement la question
d'une morale primitive, Cicéron était remonté à l'origine et à l'essence de l'homme, et avait recherché les
premiers développemens de ses facultés et de son intelligence. C'était là sans doute que se rapportait un fragment du troisième livre de la *République* cité par saint
Augustin, et qui ne se retrouve pas dans le manuscrit
du Vatican : « La nature, plus marâtre que mère, a jeté
« l'homme dans la vie avec un corps nu, frêle et débile,

dit [1] has et distinxit in partes ; et [2] ut signa
quædam , sic verba rebus impressit, hominesque
antea dissociatos jucundissimo inter se sermonis
vinculo [3] colligavit. A simili etiam mente, vocis
qui videbantur infiniti soni, paucis notis inventis, sunt omnes signati et expressi, quibus
et colloquia cum absentibus et indicia volunta-
tum [4], et monumenta rerum præteritarum tenerentur. Accessit eo numerus, res cùm ad vitam
necessaria, tum una [5] immutabilis et æterna :
quæ prima impulit etiam ut suspiceremus in
cœlum , nec frustra siderum motus intueremur,

---

firmiora nascuntur, etiamsi vim cœli fortiter patiuntur, ab homine tamen tuta esse non possunt.
Ita fit ut plus homini conferat ratio, quàm natura
mutis; quoniam in illis nec magnitudo virium ,
neque firmitas corporis efficere potest, quò minus
aut opprimantur a nobis, aut nostræ subjecta sint
potestati, etc. Plato naturæ gratias agit, quòd homo
natus esset, etc. (*Lactantius, de Opificio Dei* ,
cap. III.)

[1] Ita posteriore manu ; at priore *incidid*.
[2] Cod. priore manu *e ;* alter *ed.*
[3] Cod. priore manu *vinclo ;* at posteriore *vinculo.*
[4] Ita cod. alterà manu ; at priore *volumtatum* , ut et
alibi.
[5] *Una* in codice superadditur.

aux choses, pour en être comme le signe ; et , par ce doux commerce du langage , elle réunit les hommes auparavant isolés. Grâce à cette même intelligence, les inflexions de la voix , qui semblaient innombrables , furent toutes exprimées et notées par un petit nombre de caractères convenus , propres à nous faire converser avec les absens, et à fixer l'expression des volontés de notre âme, et les monumens du passé. Vint ensuite l'usage des nombres , chose si nécessaire à la vie, et de plus, seule chose immuable et éternelle. Cette science nous conduisit à lever les yeux au ciel , et à ne pas voir indifféremment

----

« une âme que l'inquiétude agite , que la crainte abat, « que la fatigue épuise, que les passions emportent, « mais où cependant reste comme à demi-étouffée une « divine étincelle d'intelligence et de genie. »

L'éditeur de Rome suppose avec vraisemblance que ce même début du troisième livre avait fourni plus d'une inspiration à Lactance, qui traite un sujet semblable dans son traité sur l'*Œuvre du Créateur*. Peut-être même ne serait-il pas difficile de deviner, en lisant ce dernier écrit, les pensées, les tours , les expressions que le chrétien du quatrième siècle a pu dérober au consul romain et au disciple de Platon. Mais comme Lactance, cette fois, ne cite pas son modèle, nous n'essaierons pas de suppléer, par une restitution un peu arbitraire, à ce qui manque au texte original de notre manuscrit.

dinumerationibusque noctium ac dierum. . . .

. . . .

II. . . . . . quorum animi altius se extulerunt, et aliquid dignum dono, ut ante dixi, deorum aut efficere aut excogitare potuerunt. Quare sint nobis isti, qui de ratione vivendi disserunt, magni homines, ut sunt; sint eruditi; sint veritatis et virtutis magistri; dummodo sit hæc quædam, sive a viris in rerum publicarum varietate versatis inventa, sive etiam in istorum otio ac litteris tractata res, sicut est, minime quidem contemnenda, ratio civilis et disciplina populorum, quæ perficit in bonis ingeniis, id quod jam persæpe perfecit, ut incredibilis quædam et divina virtus exsisteret. Quòd si quis ad ea instrumenta animi, quæ naturâ, quæque civilibus institutis habuit, adjungendam sibi etiam doctrinam, et uberiorem rerum cognitionem putavit, ut ii ipsi qui in horum librorum disputatione versantur, nemo est quin eos anteferre omnibus debeat. Quid enim potest esse præclarius, quàm cùm rerum magnarum tractatio atque usus cum illarum artium studiis et cognitione conjungitur? Aut quid P. Scipione, quid C. Lælio, quid L. Philo perfectius cogitari potest? qui ne quid præter-

la marche des astres et le partage des jours et des
nuits. . . . .

II. . . . . . Alors il y eut des hommes dont les
âmes s'élevèrent plus haut, et exécutèrent ou
conçurent quelque chose digne du bienfait
qu'elles avaient reçu des dieux. Aussi, que ceux
qui nous ont laissé de profonds raisonnemens
sur la conduite de la vie humaine passent pour
de grands hommes, comme ils le sont en effet ;
qu'on les nomme savans, qu'ils soient les pré-
cepteurs de la vérité et de la vertu ; j'y consens,
si l'on reconnaît que l'art social et le gouvernement des peuples, soit dans la première application qu'en firent des hommes jetés au milieu des
diverses sociétés humaines, soit dans les spécula-
tions qu'il a fournies aux loisirs et à l'éloquence
de ces mêmes philosophes, est une science que
l'on ne doit nullement dédaigner, science qui
dans les génies heureux fait éclore, comme on
l'a vu souvent, une puissance incroyable et presque divine. Et lorsqu'à ces hautes facultés de
l'âme, reçues de la nature et développées par les
institutions sociales, on a su joindre une riche
variété d'études et de connaissances, comme les
personnages que j'introduis dans cet entretien,
nul ne refusera d'avouer la supériorité de tels
hommes sur tous les autres. Que peut-il en effet
y avoir de plus admirable que la pratique et

mitterent quod ad summam laudem clarorum
virorum pertineret, ad domesticorum majorum-
que morem etiam hanc a Socrate adventitiam
doctrinam adhibuerunt. Quare qui utrumque
voluit et potuit, id est ut cùm majorum institutis, tum doctrinâ se instruerct, ad laudem
hunc omnia consecutum puto. Sin aliter sit
utra[1] via prudentiæ deligenda, tamen etiam si
cui videbitur illa in optimis studiis et artibus
quieta vitæ ratio beatior, hæc civilis laudabilior
est certe et illustrior: ex quâ vitâ sic summi viri
ornantur, ut vel M'[2] Curius,

Quem nemo ferro potuit superare nec auro ;

vel. . . . .

III. . . . . . fuisse sapientiam : tamen hoc in
ratione utriusque generis interfuit, quod illi
verbis et artibus aluerunt naturæ principia, hi
autem institutis et legibus. Plures vero hæc tulit
una civitas, si minus sapientes, quoniam id nomen illi tam restricte tenent, at certe summâ
laude dignos, quoniam sapientium præcepta et

---

[1] Num est tmesis pro *alterutra sit?* An simul est metathesis pro *alterutra st?* In codice fit pausa post *sin.*

[2] Cod. mendose *M·* id est *Marcus* pro *M'* id est *Manius.*

l'habitude des grandes choses unies au goût et à
la connaissance de ces arts ingénieux? Et que
peut-on imaginer de plus parfait qu'un Scipion,
qu'un Lælius, qu'un Philus, qui, pour ne rien
négliger de ce qui compose la gloire du grand
homme, joignirent aux exemples de nos aïeux
et aux traditions domestiques les leçons étrangères venues de Socrate! Aussi, avoir su et
voulu ces deux choses, s'être appuyé à la fois
sur nos antiques mœurs et sur la philosophie,
c'est, à mes yeux, avoir fait tout ce qui peut
conduire à la gloire. Mais s'il fallait choisir entre
ces deux voies de la sagesse, bien que l'on
puisse trouver plus heureuse cette vie tranquille
passée dans l'étude et les lettres, la vie des affaires, la vie civique est certainement plus esti-
mable et plus éclatante. C'est la vie où se sont
illustrés de grands hommes, comme Curius,

Que le fer et que l'or trouvèrent invincible.

. . . .

III. . . . . Il y avait cette différence entre
ces deux classes de grands hommes, que, chez
les premiers, le développement des principes
naturels était l'ouvrage de l'éloquence et de
l'étude; chez les autres, celui des institutions et
des lois. Notre patrie a produit à elle seule un
grand nombre, je ne dirai pas de sages, (puisque la philosophie est si avare de ce nom) mais

inventa coluerunt. Atque etiam [1] (quòd et su[m]
laudandæ civitates et fuerunt , quoniam id est
rerum naturâ longe maximi consilii constitue[re]
eam rem publicam , quæ possit esse diuturna)
si singulos numeremus in singulas , quanta ja[m]
reperiatur virorum excellentium multitudo ?
Quòd si aut Italiæ Latium , aut ejusdem sabina[m]
aut volscam gentem , si Samnium , si Etruriam
si magnam illam Græciam collustrare anim[o]
voluerimus ; si deinde Assyrios , si Persas , [si]
Pœnos, si hæc. . . . .

IV. . . . . . advocati. Et Philus : Præclara[m]
vero causam ad me defertis , cùm me improbi[ta]
tatis patrocinium suscipere vultis. Atqui [2] i[d]
tibi, inquit Lælius, verendum est [3], si ea dixeri[s]
quæ contra justitiam dici solent, ne sic etiam
sentire videare, cùm et ipse sis quasi unicum
exemplum antiquæ probitatis et fidei , neque sit

---

[1] Hanc parenthesim suis signis, contra morem mei libri, designandam judicavi : nisi enim lectores de parenthesi certiores facerem, procul dubio obscurus hic eis locus evaderet.

[2] Ita posteriore manu : at priore *adqui*.

[2] Cod. *si* factâ aphæresi, tametsi interposita sit *m*. Scilicet etiam in carmine elidi solet *m*, quia in pronunciando supprimebatur.

d'hommes au moins qui méritent une louange immortelle , pour avoir mis en pratique les leçons et les découvertes des sages. Et si vous considérez qu'il existe et qu'il a existé beaucoup d'empires dignes de gloire; si vous songez que dans l'univers la plus grande œuvre du génie est de constituer une société qui puisse être durable, voyez , à ne compter qu'un législateur par chaque empire, quelle foule de grands hommes vous apparaîtra ! Si nous jetions en effet nos regards dans l'Italie, sur le Latium, sur le peuple Sabin, sur les Volsques , sur les Samnites, sur l'Etrurie; si nous examinions la grande Grèce, si nous passions ensuite aux Assyriens, aux Perses , aux Carthaginois, combien de législateurs, combien de fondateurs d'empires ! [1] . . . .

. . . .

IV. . . . . . [2] Philus dit alors : Vous me renvoyez là une belle cause : vous voulez que j'entreprenne de plaider pour le vice. Probablement, reprit Lælius, vous avez à craindre , en reproduisant les objections ordinaires que l'on fait

---

[1] La suite de ce beau préambule est perdue ; et le manuscrit mutilé recommence au moment où le dialogue paraît s'établir de nouveau, par la tâche imposée à Philus de parler contre la justice.

[2] On voit la marche du dialogue : Philus est chargé, pour ainsi dire d'office, de plaider en faveur de l'injus-

ignota consuetudo tua contrarias in partes disserendi , quòd ita facillime verum inveniri putes.
Et Philus : Heia vero , inquit, geram morem
vobis, et me oblinam sciens ; quod quoniam
qui aurum quærunt non putant sibi recusandum,
nos cùm justitiam quæramus , rem multo omni
auro cariorem, nullam profecto molestiam fu-
gere debemus. Atque utinam quemadmodum in
oratione sum usurus alienâ, sic mihi ore uti
liceret alieno ! Nunc ea dicenda sunt L. Furio
Philo quæ Carneades , græcus homo et consuetus
quod commodum esset verbis. . . . .

. . . .

Neque ego hercle ex meâ animi sententiâ lo-
quar, sed ut Carneadi * respondeatis, qui sæpe
optimas causas ingenii calumniâ ludificari solet.

---

* Carneades, academicæ sectæ philosophus, cujus
in disserendo quæ vis fuerit, quæ eloquentia, quod
acumen, qui nescit, ipsum ex prædicatione Ciceronis intelliget aut Lucilii, apud quem disserens
Neptunus de re difficillimâ , ostendit non posse id
explicari, nec si Carneadem ipsum orcus remittat.
Is, cùm legatus ab Atheniensibus Romam missus
esset, disputavit de justitiâ copiose, audiente Galbâ
et Catone censorio, maximis tunc oratoribus. Sed
idem disputationem suam postridie contrariâ dis-

contre la justice, de paraître exprimer vos propres sentimens, vous, Philus, qui passez pour le premier modèle de la bonne foi et de la probité antiques, vous à qui l'on connaît d'ailleurs cette pratique habituelle de discuter une question dans les deux sens, persuadé que c'est la voie la plus facile pour découvrir la vérité ? Hé bien ! dit Philus, je vous obéirai; je vais me salir en connaissance de cause. On ne refuse pas de le faire, pour trouver de l'or : ainsi, nous qui cherchons la justice, chose plus précieuse que l'or, nous devons braver toute répugnance. Que ne puis-je du moins, en empruntant les discours d'un autre, emprunter aussi son organe ! Mais il faut que ce soit aujourd'hui moi, Philus, qui répète ce que disait Carnéade, un Grec, un homme accoutumé à exprimer tout ce qu'il lui plaisait. . . . .

Je ne parlerai donc pas, pour énoncer mes propres sentimens, mais pour vous donner occasion de réfuter Carnéade, qui, par les perfidies de son art, savait ruiner les meilleures causes.

---

tice, ou plutôt de reproduire les sophismes dont Carnéade avait scandalisé la bonne foi romaine, lorsqu'il était venu à Rome, quelques années auparavant, avec deux autres philosophes, députés comme lui par la ville d'Athènes, pour demander la réduction d'une

V. . . . . . et reperiret et tueretur; alter autem de ipsâ justitiâ quatuor implevit sane grandes libros. Nam ab Chrysippo nihil magnum nec magnificum desideravi, qui suo quodam more loquitur, ut omnia verborum momentis, non rerum ponderibus, examinet. Illorum fuit heroum eam virtutem, quæ est una, si modo est, maxime munifica et liberalis, et quæ omnes

----

putatione subvertit; et justitiam, quam pridie laudaverat, sustulit; non quidem philosophi gravitate, cujus prudentia firma, et stabilis debet esse sententia, sed quasi oratorio exercitii genere, in utramque partem disserendi : quod ille facere solebat, ut alios quidlibet adserentes posset refutare. Eam disputationem, quâ justitia evertitur, apud Ciceronem L. Furius recordatur : credo quoniam de re publicâ disserebat, ut defensionem laudationemque ejus induceret, sine quâ putabat regi non posse rem publicam. Carneades autem, ut Aristotelem refelleret ac Platonem, justitiæ patronos, primâ illâ disputatione collegit ea omnia quæ pro justitiâ dicebantur, ut posset illa, sicut fecit, evertere. (*Lactantius, Inst.* V. 14.)

Justitia foras spectat, et projecta tota est atque eminet. (*Nonius,* voc. *projectum.*)

Quæ virtus, præter cæteras, tota se ad alienas porrigit utilitates atque explicat. (*Idem,* voc. *explicare.*)

V..... Aristote a traité la question de la justice, et en a rempli quatre livres assez étendus.
Quant à Chrysippe, je n'en ai jamais rien at-

---

amende imposée par le sénat : ce Grec, pour amuser les
maîtres qu'il implorait, après avoir disserté publique-
ment sur l'existence de la justice, avait soutenu le lendemain la thèse contraire avec la même facilité, et probablement une conviction à peu près pareille. Quoi
qu'il en soit, son éloquence étonna les Romains. Le
vieux Caton, effrayé, opina qu'il fallait renvoyer sans
retard une si dangereuse ambassade, « Parce que, di-
« sait-il, avec les raisonnemens de cet homme, on ne
« pouvait plus discerner où était la vérité. » Cicéron,
dans ses autres écrits, a marqué plus d'une fois son
aversion pour les doctrines sceptiques de Carnéade.
Dans le traité *des Lois*, après avoir posé le principe du
droit naturel, et s'être promis l'approbation des Stoï-
ciens et de l'académie de Platon, il s'écrie : « Quant à
« cette académie perturbatrice, fondée par Arcésilas et
« Carnéade, nous implorons son silence. Car si elle se
« précipitait sur les principes qui nous semblent à nous
« assez bien établis, elle les déracinerait de son choc.
« Je n'ai garde de la défier ; je désire plutôt l'apaiser. »
« C'est ainsi, dit un ingénieux écrivain, qu'il parle de
« la philosophie du doute, comme d'une divinité infer-
« nale, qu'il faut conjurer, et qui réduit tout en pous-
« sière. »
   Le grammairien Nonius a conservé deux phrases qui
semblent se rapporter au portrait que Philus va faire de
la justice. En voici le sens : « La justice agit extérieu-
« rement ; elle est toute entière en dehors, toute entière
« visible ; plus que toute autre vertu, elle se dirige et
« se déploie dans l'intérêt d'autrui. »

magis quàm sepse[1] diligit, aliis nata potius quàm sibi, excitare jacentem[2], et in illo divino solio non longe a sapientiâ collocare. Nec vero illis aut voluntas defuit; quæ enim iis scribendi alia causa, aut quod omnino consilium fuit? aut ingenium, quo omnibus præstiterunt? Sed eorum et voluntatem et copiam causa vicit. Jus enim de quo quærimus civile est aliquod, naturale nullum : nam si esset, ut calida et frigida, et amara et dulcia, sic essent justa et injusta eadem omnibus.

VI. Nunc autem, si quis illo pacuviano[3] invehens[4] alitum anguium[5] curru multas et varias gentes et urbes despicere et oculis collustrare possit; videat primum in illâ incorruptâ maxime

---

[1] Ita cod. priore manu ; posteriore autem *se ipse*, male ; tum quia Seneca, ep. cviii, legebat *sepse ;* tum quia si separetur, dicendum esset *se ipsa*.

[2] Lactantius, de Irâ D. XVIII : « Si jacet, excitanda « est. » Confer etiam Inst. III. 14.

[3] Cod. posteriore manu *pacuuiano*; at priore *paculano*. Sane mendose *l* pro *i;* cæterum unam *u* pro *duabus* nummi veteres exhibent, nempe *Paquius* pro *Pacuuius*.

[4] Ita pro *invectus* scribit indubitate Cicero, etiam Nat. D. I. 28.

[5] Cod. mendose *angulum*.

tendu de grand et d'élevé : il traite cette question à sa manière, en appréciant tout au poids des mots, et non à celui des choses. Mais il était digne des héros de la philosophie de relever par leurs efforts une vertu qui, pour peu qu'elle existe, est surtout bienfaisante et libérale, qui préfère tous les autres à soi, qui vit pour eux plutôt que pour elle-même : il était digne de ces grands hommes de la faire asseoir sur un trône immortel, non loin de la sagesse. Et certes, à cet égard, l'intention ne leur a pas manqué. Quel autre motif en effet ont-ils eu d'écrire ? quel autre but, en écrivant ? Le génie ne leur a pas manqué non plus : ils l'emportaient par là sur le reste des hommes. Mais le vice de leur cause a été plus fort que leur volonté et que leur éloquence. En effet, ce *droit* sur lequel nous raisonnons peut bien exister, en tant que droit civil; mais pour le droit naturel, il n'y en a point. S'il y en avait, le juste [1] et l'injuste seraient les mêmes pour tout le monde, comme le chaud et le froid, comme le doux et l'amer.

VI. Maintenant, si quelqu'un, porté sur ce char aux serpens ailés dont parle le poëte Pacu-

---

[1] Pascal, dans un de ces momens de misantropie sceptique, dont il se sauvait à peine dans les bras de la religion, a nié la justice ; il a raisonné comme Carnéade : « Trois degrés d'élévation du pôle renversent toute la

gente Ægyptiorum, quæ plurimorum sæculorum
et eventorum memoriam litteris continet, bovem quemdam putari deum, quem Apim Ægyp-
tii [1] nominent : multaque alia portenta apud
eosdem, et cujusque generis belluas numero consecratas deorum. Deinde Græciæ, sicut apud
nos, delubra magnifica humanis consecrata simu-
lacris, quæ Persæ nefaria putaverunt : eamque
unam ob causam Xerxes inflammari Atheniensium fana jussisse dicitur, quòd deos, quorum
domus esset omnis hic mundus, inclusos parietibus contineri nefas esse duceret. Post autem
cum Persis et Philippus qui cogitavit, et Alexander qui gessit, hanc bellandi causam inferebat
quòd vellet [2] Græciæ fana punire [3] : quæ ne refi-
cienda quidem Graii putaverunt, ut esset posteris
ante os documentum Persarum sceleris sempiternum. Quàm multi, ut Tauri in Axino, ut
rex Ægypti Busiris, ut Galli, ut Pœni, homines
immolare et pium et diis immortalibus gratissimum esse duxerunt. Vitæ vero instituta sic

---

[1] Hic interpungitur in cod.

[2] Ita posteriore manu ; at priore *bellet.*

[3] Cod. *pœnire.* Notemus orthographiam, simulque vim τοῦ *pœnire* pro *ulcisci.*

vius, pouvait planer sur les nations et les villes
diverses, et les parcourir de ses regards, il verrait d'abord chez ce peuple immuable de l'E-
gypte, qui conserve dans ses archives la mémoire
de tant de siècles et d'événemens, un bœuf adoré
comme dieu sous le nom d'Apis, et une foule
d'autres monstres et d'animaux de toute espèce
admis au nombre des dieux. Il verrait dans la
Grèce, comme parmi nous, des temples magnifiques consacrés à des idoles d'une forme humaine. Les Perses, d'autre part, regardèrent ces
monumens comme impies : et le seul motif de
Xerxès, dit-on, pour ordonner l'incendie des
temples d'Athènes, fut la croyance qu'il y avait
sacrilége à tenir enfermés entre des murailles les
dieux, dont cet univers entier est la demeure.
Plus tard, Philippe, dans ses projets de guerre
contre les Perses, et Alexandre, dans son expé-
dition, alléguaient pour prétexte le besoin de
venger les temples de la Grèce ; et les Grecs avaient
même eu soin de ne pas les rétablir, afin que,

« jurisprudence ; un méridien décide de la vérité, ou
« peu d'années de possession. Les lois fondamentales
« changent. Le droit a ses époques. Plaisante justice,
« qu'une rivière ou une montagne borne ! vérité au
« deçà des Pyrénées, erreur au delà ! » Mais Pascal ajou-
« tait : « Il y a sans doute des lois naturelles : cette belle
« raison seule a tout corrompu.»

distant, ut Cretes et Ætoli latrocinari honestum
putent : Lacædemonii suos omnes agros esse
dictitarent, quos spiculo possent attingere. Athenienses jurare etiam publice solebant omnem
suam esse terram, quæ oleam frugesve[1] ferret.
Galli turpe esse ducunt frumentum manu quæ-
rere; itaque armati alienos agros demetunt. Nos
vero justissimi homines, qui[2] transalpinas gentes
oleam et vitem serere non sinimus, quò pluris
sint nostra oliveta nostræque vineæ : quod cùm
faciamus, prudenter facere dicimur, juste non
dicimur; ut intelligatis discrepare ab æquitate
sapientiam. Lycurgus autem ille legum opti-
marum et æquissimi juris inventor agros locupletium plebi ut servitio colendos dedit.

VII. Genera vero si velim juris, institutorum,
morum consuetudinumque describere, non modo in tot gentibus varia, sed in unâ urbe, vel
in hâc ipsâ, milliens mutata demonstrem : ut
hic juris noster interpres alia nunc Manilius

---

[1] Ita cod. posteriore manu; at priore *fluges*. De *L*
pro *S* diximus lib. I. 5, not.

[2] Omittendum videtur *qui*.

aux yeux de la postérité, il subsistât du crime
des Perses un avertissement éternel.

Que d'hommes, tels que les habitans de la
Tauride, tels que le roi d'Egypte, Busiris, tels
que les Gaulois, les Carthaginois, ont cru qu'il
était pieux et agréable aux dieux d'immoler des
hommes! Voyez d'ailleurs quelle diversité dans
les maximes des peuples : les Crétois et les Eto-
liens regardent le brigandage comme honorable :
les Lacédémoniens disaient familièrement, que
leur territoire s'étendait à tous les lieux où pouvait toucher le fer de leur lance. Les Athéniens
avaient coutume de déclarer par un serment public, qu'à eux seuls appartenaient toutes les terres
produisant des olives et du blé. Les Gaulois
trouvent honteux de se procurer du blé par le
travail. Aussi vont-ils les armes à la main couper
la moisson sur les champs d'autrui. Et nous, le
plus équitable des peuples, afin de hausser la
valeur de nos vins et de nos olives, nous ne
souffrons pas que les peuples d'au-delà des Alpes
fassent des plants de vignes et d'oliviers. En cela,
on dit que nous agissons avec prudence ; mais
non pas que nous agissons avec justice. Vous
voyez donc que la sagesse est autre chose que l'é-
quité. Lycurgue, ce créateur des lois les plus sages
et du droit le plus équitable, donnait les champs
des riches à cultiver au peuple réduit en servitude.

VII. Si je voulais décrire les divers genres de

jura dicat esse de mulierum legatis et heredita-
tibus, alia solitus sit adolescens dicere, nondum
voconiâ lege latâ : quæ quidem ipsa lex utilitatis
virorum gratiâ rogata in mulieres plena est
injuriæ. Cur enim pecuniam non habeat mulier?
cur virgini vestali sit heres, non sit matri suæ?
Cur autem, si pecuniæ modus statuendus fuit
feminis, P. Crassi filia posset habere, si unica
patri esset, æris milliens, salvâ lege; mea tricions
non posset. . . . .

. . . .

VIII. . . . . . sanxisset jura nobis, et omnes
isdem [1], et iidem non aliàs aliis uterentur.
Quæro autem, si justi hominis et si boni est [2]
viri parere legibus, quibus? an quæcumque
erunt [3]? at nec inconstantiam virtus recipit,
nec varietatem natura patitur: legesque pœnâ,
non justitiâ nostrâ, comprobantur. Nihil habet
igitur naturale jus : ex quo illud efficitur, ne
justos quidem esse naturâ. An vero in legibus

---

[1] Cod. *idem*.

[2] Cod. priore manu *st*; at posteriore *est*. Et quidem
supra vidimus *modo st*, et *verendum st* Ergo præter *a*,
aliæ quoque vocales crasim efficiunt.

[3] Ita videtur cod. alterâ manu; at priore *erant*.

lois, d'institutions, de mœurs, de coutumes, non-seulement dans leur variété, de nation à nation, mais considérés dans une seule ville, dans Rome, je trouverais qu'ils ont changé mille fois. Par exemple, cet interprète des lois que nous avons ici, Manilius, consulté relativement aux legs et aux héritages des femmes, vous répondrait aujourd'hui par un droit tout différent de celui qu'il avait coutume d'exposer dans sa jeunesse, avant la promulgation de la loi Voconia, loi qui, rendue dans l'intérêt des hommes, est pleine d'injustice à l'égard des femmes. Pourquoi, en effet, une femme ne pourrait-elle posséder? Pourquoi une vestale peut-elle instituer héritier? une mère ne le peut-elle pas? Pourquoi en admettant qu'il eût fallu mettre des bornes à la richesse des femmes, la fille de Crassus, si elle était fille unique, pourrait-elle avoir des millions sans blesser la loi, tandis que la mienne ne pourrait pas recueillir sa part d'un modique héritage?. . . . .

VIII. . . . . Si la justice était naturelle et innée, tous les hommes admettraient le même droit; et les mêmes hommes ne se feraient pas un droit divers en différens temps. S'il est d'un homme juste, s'il est d'un homme vertueux d'obéir aux lois, à quelles lois, je le demande, doit-il obéir? Serait-ce à toutes indifféremment? Mais la vertu

varietatem esse dicunt; naturâ autem viros bonos eam justitiam sequi quæ sit, non eam quæ putetur? esse enim hoc boni viri et justi, tribuere id cuique[1] quod sit quoque dignum. Ecquid ergo primum mutis tribuemus belluis[2]? non enim mediocres viri, sed maximi et docti, Pythagoras et Empedocles, unam omnium animantium conditionem juris esse denunciant; clamantque inexpiabiles pœnas impendere iis a quibus violatum sit animal. Scelus est igitur nocere bestiæ; quod scelus qui velit. . . . . . . Nam cùm quæreretur ex eo, quo scelere impulsus mare haberet infestum uno myoparone; eodem, inquit, quo tu orbem terræ[3] . . . . .

. . . .

---

[1] Cod. *quoique.*

[2] Ita cod. posteriore manu; at priore *velbis* vitiosâ metathesi.

[3] Nonii fragmentum hîc collocavi, quia sermo est de Alexandro macedone, cujus, si bene codicem lego, meminit in proxime sequentibus Cicero. Jamvero hoc dictum archipiratæ adversus Alexandrum fuisse ejaculatum, percommode nos docet Augustinus, Civ. Dei, IV. 4 : « Eleganter et veraciter Alexandro illi magno « quidam comprehensus pirata respondit. Nam cùm « idem rex hominem interrogasset, quid ei videretur « ut mare haberet infestum; ille liberâ contumaciâ :

n'admet pas cette inconstance; une telle variété n'est pas compatible avec la nature; et les lois s'appuient sur la sanction de la peine, et non sur l'assentiment de notre justice. Le droit n'a donc pas de base naturelle ; d'où il suit qu'il n'y a pas d'homme juste par nature. Dira-t-on que la variété existe dans les lois ; mais que les hommes vertueux par nature suivent ce qui est vraiment la justice, et non ce qu'on prend pour elle; que le caractère de l'homme vertueux et juste est de rendre à chacun ce qui lui est dû? Je vous réponds alors: Que devons-nous rendre aux animaux? car, je ne dis pas de médiocres esprits, mais de grands, de savans hommes, Pythagore et Empédocle, déclarent que toutes les espèces vivantes ont droit à la même justice. Ils s'écrient que des peines, que des tourmens inexpiables sont réservés à ceux qui ont attenté sur un être animé. C'est donc un crime de nuire à un animal. . . . . Alexandre demandait à un pirate par quel attentat il osait infester la mer avec un misérable brigantin. Par le même droit, dit-il, qui vous fait ravager le monde[1]. . . . .

---

[1] Ici commence une assez longue lacune qui interrompt la série de ces tristes sophismes, que l'anglais Mandeville et quelques autres écrivains ont renouvelés avec moins de force et de subtilité. Ces sophismes

IX..... omnibus [1] *quæri*tote. Sapientia jubet
augere opes, amplificare [2] divitias, proferre fines.
Unde enim *potuisse*t [3] (Alexander) summus *ille*
imperator, *qui* in Asiâ olim (armis) fines imperii propagavit, nisi aliquid de alieno acces-
sisset, imperare, quàm plurimis frui voluptatibus, pollere, regnare, dominari? Justitia autem
præcipit parcere omnibus, consulere generi hominum, suum cuique reddere, sacra, publica,
(aliena) non (tangere [4]). Quid igitur efficitur?
Si sapientiæ pareas, divitiæ, potestates, opes,
honores, imperia [5], regna, vel privatis vel po-

« Quod tibi, inquit, ut orbem terrarum : sed quia ego
« exiguo navigio facio, latro vocor ; quia tu magnâ
« classe, imperator. »

[1] Est hæc pagina omnium lectu difficillima. Supplementa inclinatis litteris scribo ; verba autem dubia
uncis includo. Ad supplementum *quæri* quod adtinet,
Cic. de Amic. VII, ait : « Ab iis, qui ista disputant,
« quæritote. »

[2] Cod. fortasse *amplificari*. Nonius tamen, qui locum
e III de Re Pub. citat, voc. *proferre*, legebat *amplificare*
et *proferre* (pro *augere*). In codice autem verbi quoque
augere terminatio obscurata est.

[3] Cod. fortasse habet *esset*. Sane fateor spatium codicis non sufficere vocabulo *potuisset*.

[4] Lactantius infra cap. XV, *alienum non attingere*.

[5] Locutionem exscribit Lactantius, Inst III. XI. ff.
14, et V. XXI. ff. 10.

IX..... La prudence humaine nous dit d'aug-
menter notre puissance, nos richesses, d'agran-
dir notre territoire. Cet Alexandre, ce grand
général, qui étendit son empire dans l'Asie,
comment aurait-il pu, sans l'envahissement du
bien d'autrui, commander au loin, jouir des
plus grandes voluptés, être puissant, maître,
dominateur? Mais la justice nous ordonne au
contraire d'épargner tout le monde, de ménager
l'intérêt du genre humain, de rendre à chacun

étaient, comme on le voit, mêlés de quelques vérités,
et de beaucoup d'inductions fausses. Sans doute la pitié
envers les animaux est un devoir de la nature. Sans
doute la réponse du pirate à Alexandre n'était nullement
déraisonnable. Mais qu'importe tout cela? En est-il
moins vrai que Dieu a mis dans le cœur de l'homme
l'instinct du juste, que cet instinct lui apparaît comme
une vérité démontrée par l'intelligence, et que rien ne
peut détruire? Quant à ces bizarreries de mœurs lo-
cales, ces démentis particls donnés par quelque peu-
plade obscure à la conscience du genre humain, on sait
avec quel déplorable soin notre Montaigne compilait de
telles anecdotes; et avec quelle puissance Rousseau dé-
truit ce frêle échafaudage. « O Montaigne! s'écrie l'é-
« loquent Genevois, toi qui te piques de franchise et
« de vérité, sois sincère et vrai, si un philosophe peut
« l'être, et dis-moi s'il est quelque pays sur la terre où
« ce soit un crime de garder sa foi, d'être clément,
« bienfaisant, généreux, où l'homme de bien soit mé-
« prisable, et le perfide honoré. »

pulis. Sed quoniam de re publicâ loquimur, sunt illustriora quæ publice fiunt : quoniamque eadem est ratio juris in utroque, de populi sapientiâ dicendum puto. Et jam omittam alios. Noster hic populus*, quem Africanus hesterno sermone a stirpe repetivit, cujus imperio jam orbis terræ tenetur, justitiâ an sapientiâ est e minimo omnium? . . . .

X. . . . Sunt enim omnes, qui in populum vitæ necisque potestatem habent, tyranni; sed

---

* Quantum a justitiâ recedat utilitas, populus ipse romanus docet, qui per feciales bella indicendo, et legitime injurias faciendo, semperque aliena cupiendo atque rapiendo, possessionem sibi totius orbis comparavit. (*Lactantius, Inst.* VI. 9)

Quæ sunt patriæ commoda, nisi alterius civitatis aut gentis incommoda? id est fines propagare aliis violenter ereptos, augere imperium, vectigalia facere meliora, etc. Itaque hæc bona quisquis patriæ adquisierit, hoc est eversis civitatibus gentibusque deletis ærarium pecuniâ referserit, agros ceperit, cives suos locupletiores fecerit; hic laudibus fertur in cœlum; in hoc putatur summa et perfecta esse virtus : qui error non modo populi, et imperitorum, sed etiam philosophorum est, qui præcepta quoque dant ad injustitiam. (*Lactantius, Inst.* VI. 6.)

ce qui lui est dû, de ne point toucher aux choses sacrées, aux propriétés publiques, aux biens des particuliers. Qu'arrive-t-il donc ? Si vous écoutez la prudence, les richesses, les grandeurs, la puissance, les honneurs, l'autorité, l'empire deviennent le partage des individus et des peuples. Comme nous traitons de la république, les exemples d'intérêt public auront plus d'éclat ; et comme le principe de droit est le même dans les deux cas, je pense qu'il vaut mieux citer en exemple la politique d'un peuple. Je laisse de côté les autres nations. Notre peuple romain, que Scipion, dans son discours d'hier, a suivi dès le berceau, et dont l'empire embrasse aujourd'hui l'univers, est-ce par la justice ou par la politique que, du plus faible de tous les peuples, il est devenu le peuple-roi ?[1] . . . .

X. . . . . . Tous ceux qui ont usurpé le droit de vie et de mort sur le peuple sont des tyrans ; mais ils aiment mieux se faire appeler du nom

---

[1] L'éditeur de Rome rapporte à cet endroit deux passages que Lactance a imités, et peut-être littéralement transcrits de Cicéron, et qui renferment quelques-uns des sophismes de Carnéade, en faveur de l'injustice dans la politique. C'est le développement qui manque ici au texte mutilé. — « Le peuple romain même montre « combien l'utilité s'éloigne de la justice, lui qui, en « déclarant la guerre par les féciaux, en faisant légale- « ment des injustices, et en ne cessant de convoiter et

se Jovis optimi nomine malunt reges vocari.
Cùm autem certi propter divitias, aut genus,
aut aliquas[1] opes, rem publicam teneant, est
factio; sed vocantur illi optimates. Si vero populus plurimum potest, omniaque ejus arbitrio
reguntur, dicitur illa libertas, est vero licentia.
Sed cùm alius alium timet, et homo hominem,
et ordo ordinem; tum, quia sibi nemo con-
fidit, quasi pactio fit inter populum et potentes:
ex quo exsistit id quod Scipio laudabat conjunc-
tum civitatis genus. Etenim justitiæ non natura
nec voluntas, sed imbecillitas mater est. Nam
cùm de tribus unum esset optandum, aut facere
injuriam nec accipere; aut et facere et accipere;
aut neutrum : optimum est facere impune, si
possis; secundum nec facere nec pati; miserrimum digladiari semper tum faciendis, tum
accipiendis injuriis. Ita qui primum illud as-
sequi * . . . .

----

 * *Carneadis summa disputationis hæc fuit:* **Jura**
sibi homines pro utilitate sanxisse, scilicet varia
pro moribus, et apud eosdem pro temporibus
sæpe mutata; jus autem naturale esse nullum.
Omnes et homines et alias animantes ad utilitates

 [1] Ita codex; sed malim omnino *alias*.

de roi, réservé à Jupiter très-bon. Lorsque certains hommes, à la faveur de la richesse, de la naissance ou de toute autre force, envahissent la chose publique, c'est une faction ; mais on les appelle les grands. Si le peuple prédomine et régit toute chose à sa volonté, on nomme liberté cet état, qui n'est réellement que licence. Lorsqu'on se redoute l'un l'autre, homme contre homme, classe contre classe, alors, par la défiance que chacun a de soi-même, il se fait une espèce de traité entre le peuple et les grands : de là sort ce genre mixte de gouvernement que Scipion admirait. Ainsi la justice n'est point fille de la nature ni de la volonté, mais seulement de la faiblesse humaine. Lorsqu'il faut choisir de

-----

« de ravir le bien d'autrui, s'est acquis la possession du
« monde entier. »

Et ailleurs : « Qu'est-ce que l'intérêt de la patrie,
« sinon le dommage d'un autre état, d'un autre peuple ?
« C'est-à-dire une extension de territoire par la con-
« quête, un accroissement d'empire, une augmentation
« de tributs. L'homme qui procure de tels avantages à
« sa patrie, c'est-à-dire qui, en renversant les villes, en
« exterminant les nations, a rempli d'argent le trésor
« public, a usurpé du terrain, a enrichi ses conci-
« toyens ; cet homme est porté aux cieux. On voit en
« lui la souveraine et parfaite vertu ; et cette erreur est
« celle non-seulement du peuple et des ignorans, mais
« celle des philosophes qui donnent aussi des leçons
« d'injustice. »

XI.. ... Præter Arcadas et Athenienses, qui, credo, timentes hoc interdictum justitiæ ne quando exsisteret, commenti sunt se de terrâ, tamquam hos ex arvis musculos, exstitisse.

XII. Ad hæc illa dici solent primum ab iis, qui minime sunt in disserendo mali, qui in hâc causâ eo plus auctoritatis habent, quia cùm de viro bono quæritur, quem apertum et simpli-cem volumus esse, non sunt in disputando[1] vafri[2], non veteratores, non malitiosi. Negant enim, sapientem idcirco virum bonum esse quòd eum suâ sponte ac per se bonitas et justitia de-

---

suas naturâ ducente ferri : proinde aut nullam esse justitiam ; aut si sit aliqua, summam esse stultitiam, quoniam sibi noceret alienis commodis consulens. *Et inferebat hæc argumenta :* Omnibus populis qui florerent imperio, et Romanis quoque ipsis qui totius orbis potirentur, si justi velint esse, hoc est si aliena restituant, ad casas esse redeundum, et in egestate ac miseriis jacendum. (*Lactantius, Inst.* V. 16.)

[1] Cod. *disserendo.* Scripsi tamen *disputando,* tum quia paulo ante est *disserendo ;* tum multo magis quia Nonius, qui voc. *vafrum,* citat hunc locum e III de Re Pub. legebat *disputando.*

[2] Ita cod. posteriore manu ; at priore *veri.*

trois choses, ou de faire l'injustice sans la souffrir, ou de la faire et de la souffrir, ou d'éviter
l'un et l'autre, le meilleur lot sans doute, c'est
de faire l'injustice impunément, si vous pouvez;
le second, de ne la point faire, et de ne la
point souffrir; et le plus misérable lot, de
guerroyer éternellement entre le mal que l'on
fait et celui que l'on reçoit[1] . . . .
. . . .

XI. . . . Tous les peuples, s'ils restituaient ce
qu'ils ont usurpé, n'auraient plus de patrie, à
l'exception peut-être des Arcadiens et des Athéniens qui, je le suppose, dans la crainte que ce
grand acte de justice n'eût lieu quelque jour, se
sont avisés de prétendre qu'ils étaient nés du
sol, comme ces rats qui sortent de terre dans
les champs.

XII. A ces argumens on ajoute ce que disent
souvent quelques hommes, dissertateurs sans
artifice, et qui en cette matière, où nous cherchons l'homme de bien, c'est-à-dire, avant tout

---

[1] Lactance continue d'abréger les opinions de Carnéade, qu'il résume ainsi : « Les hommes ont institué des
« lois, suivant l'intérêt ; lois dès-lors variables comme
« le génie des peuples, et qui, chez un même peuple,
« changent selon les temps. Pour le droit naturel, il
« n'existe pas. Tous les hommes et les autres animaux
« vont droit à leur utilité par l'impulsion de la nature.
« Ainsi il n'existe pas de justice, ou s'il en existe, c'est

II.   8

lectet ; sed quòd vacua metu, curâ, sollicitudine,
periculo, vita bonorum virorum sit : contra
autem improbis semper aliquis scrupus in animis
hæreat, semper iis ante oculos judicia et suppli-
cia versentur. Nullum autem emolumentum esse,
nullum injustitiâ partum præmium tantum,
semper ut timeas, semper ut adesse, semper ut
impendere aliquam pœnam putes, damna. . . . .

. . . .

XIII. Quæro[1], si duo sint, quorum alter
optimus vir, æquissimus, summâ justitiâ, singulari fide; alter insignis scelere et audaciâ; et
si in eo sit errore civitas, ut bonum illum
virum, sceleratum, facinorosum, nefarium putet; contra autem qui sit improbissimus, exis-
timet esse summâ probitate ac fide; proque hâc
opinione omnium civium, bonus ille vir vexetur, rapiatur, manus ei denique auferantur,
effodiantur oculi, damnetur, vinciatur, uratur,
exterminetur[2], egeat, postremo, jure etiam

---

[1] Lactantius, Inst. V. 12 : « Est apud Ciceronem non
« abhorrens a vero locus eâ disputatione, quæ habetur
« a Furio contra justitiam : Quæro, inquit, etc. » Lactantii locus mox incidet in codicem vaticanum, eumque supplebit.

[2] Apud eumdem Lactantium, Inst. V. 18, idem frag-

l'homme droit et sincère, sont d'autant plus re-
cevables, qu'eux-mêmes ne portent dans la con-
troverse, ni sophisme, ni ruse, ni malignité. Ils
disent que le sage ne recherche pas la vertu à
cause d'une jouissance personnelle et spontanée,
que lui procurent la bienfaisance et la justice ;
mais par cette seule raison que la vie de l'homme
vertueux est exempte de soucis, de craintes, de
périls, tandis que les méchans sentent toujours
dans l'âme quelque pointe de remords, et voient
toujours devant eux les condamnations et les
supplices; ils ajoutent qu'il n'est si précieux
bien conquis par l'injustice qui vaille la peine
de craindre toujours, de croire toujours que la
punition vous atteint ou pend sur votre tête. .

. . . .

XIII. Supposez, je vous prie, deux hommes[1],
l'un le meilleur des mortels, d'une équité, d'une

« une souveraine folie, puisqu'elle se ferait tort à
« elle-même en ménageant les autres. » Et il ajoutait en
preuve : «Tous les peuples qui ont possédé l'empire,
« et les Romains eux-mêmes, maîtres du monde, s'ils
« voulaient être justes, c'est-à-dire restituer le bien
« d'autrui, en reviendraient aux cabanes, et n'auraient
« plus qu'à languir dans le malheur et la pauvreté.»
Qu'est-ce que tout cela prouve contre l'éternelle justice?

[1] Cet éloquent passage, imité de Platon, est, comme
on le voit, placé dans la bouche de l'adversaire de la
justice. C'est Philus, au nom de Carnéade, qui présente

optimo omnibus miserrimus esse videatur : contra autem ille improbus laudetur, colatur, ab
omnibus diligatur, omnes ad eum honores, omnia imperia, omnes opes, omnes undique[1] copiæ
conferantur; vir denique optimus omnium existimatione et dignissimus omni fortunâ optimâ[2]
judicetur; quis tandem erit tam demens, qui
dubitet utrum se esse malit[3]?

XIV. Quod in singulis, id est in populis :
nulla est tam stulta civitas, quæ non injuste
imperare malit quàm servire juste. Nec vero
longius abibo. Consul ego quæsivi, cùm[4] vos

---

mentum cum hâc varietate repetitur : « Si (ut Furius
« dicebat) rapiatur, vexetur, exterminetur, egeat, au-
« ferantur ei manus, effodiantur oculi, damnetur, vin-
« ciatur, uratur, miseris etiam modis necetur. »

[1] Lactantii editiones *denique*, mendose omnino; nam
idem mox sequitur *denique*

[2] Apud Lact. desideratur *optima*.

[3] Hæc Ciceronis postrema verba Lactantius explicans
ait, hoc sensisse Furium : « Malle sapientem malum
« esse cum bonâ existimatione, quàm bonum cum
« malâ. » Totum hunc locum pressim imitatur Augustinus, Civ. Dei, IV. 3; ipse autem Cicero pene exscribit Platonem, Rei Pub. II. p. 361 : Μηδὲν ἀδικῶν,
δόξαν ἐχέτω τὴν μεγίστην ἀδικίας, κ. τ. λ.

[4] Cod. *qum* posteriore manu; at priore *quom*.

justice parfaite, d'une foi inviolable; l'autre d'une perversité et d'une audace insigne; supposez encore l'erreur d'un peuple qui aura pris cet homme vertueux pour un scélérat, un méchant, un infâme, et aura cru tout au contraire que le méchant véritable est plein d'honneur et de probité : qu'en conséquence de cette opinion universelle, l'homme vertueux soit tourmenté, traîné captif; qu'on lui mutile les mains, qu'on lui arrache les yeux; qu'il soit condamné, chargé de fers, torturé dans les flammes; qu'il soit rejeté de sa patrie, qu'il meure de faim; qu'il paraisse enfin à tous les yeux le plus misérable des hommes, et le plus justement misérable; au contraire, que le méchant soit entouré de louanges et d'hommages; qu'il soit aimé de tout le monde; que tous les honneurs, toutes les dignités, toutes les richesses, toutes les jouissances viennent affluer vers lui; qu'il soit enfin, dans l'opinion de tous, l'homme le plus vertueux et jugé le plus digne de toute prospérité : est-il quelqu'un assez aveugle pour hésiter sur le choix entre ces deux destinées?

XIV. Il en est des états comme des individus : il n'est pas de peuple assez insensé, pour ne pas

---

cette double hypothèse du juste accablé d'ignominie, et du méchant comblé de tous les prix de la vertu ; et dans sa pensée, le choix qu'il offre entre deux desti-

mihi essetis in consilio, de numantino fœdere.
Quis ignorabat Q. Pompeium fecisse fœdus,
eâdem in causâ esse Mancinum ? Alter vir optimus etiam suasit rogationem, me ex sena-
tûsconsulto ferente; alter acerrime se defendit.
Si pudor quæritur, si probitas, si fides, Mancinus hæc attulit; si ratio, consilium, prudentia,
Pompeius antistat. Utrum. . . . .

. . . .

XV. Bonus vir si habeat servum fugitivum
vel domum insalubrem ac pestilentem, quæ vitia
solus sciat, et ideo proscribat ut vendat, utrum-
ne profitebitur fugitivum servum vel pestilentem domum se vendere, an celabit emptorem ?
Si profitebitur, bonus quidem, quia non fallet;
sed tamen stultus judicabitur, quia vel parvo
vendet, vel omnino non vendet. Si celaverit,
erit quidem sapiens, quia rei consulet; sed
idem malus, quia fallet. Rursus, si reperiat aliquem qui aurichalcum se putet vendere, cùm
sit illud aurum; aut plumbum, cùm sit argen-
tum : tacebit-ne, ut id parvo emat, an indi-

aimer mieux régner par l'injustice que de tomber par la justice dans l'esclavage. Je ne chercherai pas mes exemples au loin. Pendant mon consulat, je me suis trouvé juge du traité de Numance; je vous avais pour conseillers. Personne n'ignorait que Pompée avait signé le traité, et que la situation de Mancinus était la même. Mancinus, homme vertueux, appuya la proposition[1] que je portai devant le peuple, d'après un sénatus-consulte. Pompée s'y opposa vigoureusement. Cherche-t-on l'honneur, la probité, la bonne foi, on les trouve dans Mancinus. Mais pour la sagesse, la conduite, la prudence, c'est Pompée qui l'emporte. . . . .

XV. Qu'un honnête homme ait un esclave infidèle, ou une maison malsaine et infectée; qu'il en connaisse seul le vice, et qu'il les fasse en conséquence afficher pour les vendre, publiera-t-il qu'il met en vente un esclave fugitif et une maison infectée, ou le cachera-t-il à l'ache-

______

nées si différentes implique une préférence en faveur de la seconde. La question posée dans un sens inverse serait bien plus belle; et c'est ainsi que l'on est tenté de la concevoir et de la résoudre.

[1] Cette proposition avait pour objet de livrer Mancinus aux ennemis, afin de dégager la foi publique et de rompre le traité que ce consul avait signé. Cicéron, dans les *Offices*, rappelle aussi ce trait, et oppose également la conduite de Mancinus à celle de Pompée.

cabit, ut magno? Stultum plane videtur malle[...]
magno.

Nempe justitia est hominem non occidere, [...]
alienum prorsus non attingere. Quid ergo justus [...]
faciet, si forte naufragium fecerit, et aliquis [...]
imbecillior viribus tabulam ceperit? nonne il-[...]
lum tabulâ deturbabit, ut ipse conscendat, [...]
eâque nixus evadat, maxime cùm sit nullus [...]
medio mari testis? Si sapiens est, faciet; ipsi [...]
enim percundum est, nisi fecerit. Si autem [...]
mori maluerit quàm manus inferre alteri, jam [...]
vero justus ille, sed stultus est, qui vitæ suæ [...]
non parcat, dum parcit alienæ. Item : si acie [...]
suorum fusâ, hostes insequi cœperint, et justus [...]
ille nactus fuerit aliquem saucium equo insi- [...]
dentem; ei-ne parcet, ut ipse occidatur; an [...]
dejiciet ex equo, ut ipse possit hostem effu- [...]
gere? Quod si fecerit, sapiens, sed idem malus;
si non fecerit, justus, sed idem stultus sit
necesse est[1] . . . .

. . . .

---

[1] Lactantius, Inst. V. 16.

teur? S'il le déclare, il sera honnête homme, parce qu'il ne trompera point ; mais il n'en passera pas moins pour un maladroit, parce qu'il manquera de vendre, ou ne vendra qu'à vil prix. S'il ne dit rien, il sera sans doute habile homme, parce que ses affaires y gagneront ; mais c'est un méchant, puisqu'il trompe. Autre supposition : que cet homme rencontre quelqu'un qui vende de l'or ou de l'argent, croyant ne vendre que du similor ou du plomb ; se taira-t-il pour acheter bon marché, ou avertira-t-il son vendeur, afin d'acheter plus cher ? Préférer le second parti semblera pure sottise.

Certainement la justice consiste à ne pas tuer un homme, à ne point toucher au bien d'autrui. Que fera donc le juste si, dans un naufrage, il voit un plus faible que lui qui s'est saisi d'une planche ? Ne l'en fera-t-il pas sauter, pour y monter à sa place, s'y fixer, et survivre ; surtout lorsqu'au milieu de la mer, nul n'est témoin de son action ? S'il a du sens, il n'y manquera pas : car il est sûr de périr, s'il ne le fait. Qu'il aime mieux au contraire périr que de frapper un autre homme ; il se montre juste sans doute, mais il est insensé de ne point ménager sa vie, pour épargner celle d'autrui. De même, si dans une déroute, poursuivi par les ennemis, cet homme juste rencontre quelqu'un blessé et monté sur un cheval, le respectera-t-il, au risque d'être tué lui même,

XVI. . . . . *SCIPIO.* Non gravarer [1], Læli, nisi et hos velle putarem, et ipse cuperem te quoque aliquam partem hujus nostri sermonis attingere : præsertim cùm heri ipse dixeris, te nobis etiam superfuturum. Verum id quidem fieri non potest; ne desis omnes te rogamus [2].

. . . .

LÆLIUS. . . . . Sed juventuti nostræ minime audiendus : quippe si ita sensit ut loquitur, est homo impurus; sin aliter, quod malo, oratio est tamen immanis [3] . . . .

. . . .

XVII. Est quidem vera lex recta ratio [4], naturæ congruens, diffusa in omnes, constans,

---

[1] Sic apud Ciceronem , de Amic. v, loquitur Lælius : « Ego vero non gravarer si , etc. »

[2] Gellius , I. 22.

[3] Nonius , voc. *immane* , et voc. *impurus* ex III de Re Pub.

[4] Disputatio luculenta Lælii pro justitiâ contra accuratam orationem Phili (ut loquitur Cicero , de Amic. VII) tota desideratur in codice mutilo vaticano , præter ejus clausulam , ut infra patebit. Supersunt tamen insignes , et aliquoties interpolatæ , reliquiæ apud Lactantium , Augustinum aliosque auctores , quas hîc exhibemus ; præposita particulâ ex Gellio , in quâ Scipio Lælium hortatur ad suscipiendum justitiæ patrocinium.

ou lui prendra-t-il son cheval, pour échapper à l'ennemi? S'il le fait, il est homme sage ; mais il est méchant : s'il ne le fait pas, il est homme juste; mais il est insensé. . . . .

. . . .

XVI. . . . . . *SCIPION*. Je n'insisterais pas, Lælius, si je ne croyais que nos amis désirent, et si je ne souhaitais moi-même vous entendre traiter quelque partie de ma thèse. Vous promettiez hier que vous iriez plus loin que moi ; mais si la chose ne se peut faire, du moins ne restez pas en arrière : nous sommes tous à vous en prier. . . . .

LÆLIUS. . . . Carnéade ne doit pas être écouté de notre jeunesse : s'il pense comme il parle, c'est un homme corrompu. S'il en est autrement, et j'aime à le croire, son discours n'en est pas moins affreux.[1] . . . .

XVII. Il est une loi véritable, la droite raison, conforme à la nature, universelle, immuable,

---

[1] Le discours de Lælius, en faveur de la justice, dans le gouvernement et la vie privée, cette belle thèse si favorable à l'éloquence, et qui nous aurait dédommagé des sophismes tant rebattus de Carnéade, manque au manuscrit palimpseste, à l'exception de quelques phrases. Le peu de pages que présente ici le texte sur cette question, se compose donc en partie de fragmens déjà connus, et qui avaient été conservés par Lactance.

sempiterna; quæ vocet ad officium jubendo,
vetando a fraude deterreat, quæ tamen neque
probos frustra jubet aut vetat, nec improbos
jubendo aut vetando movet. Huic legi nec obro-
gari fas est, neque derogari ex hâc aliquid
licet, neque tota abrogari potest : nec vero
aut per senatum aut per populum solvi hâc
lege possumus : neque est quærendus expla-
nator aut interpres ejus alius : nec erit alia lex
Romæ, alia Athenis, alia nunc, alia posthac;
sed et omnes gentes et omni tempore una lex
et sempiterna et immutabilis continebit; unus-
que erit communis quasi magister et imperator
omnium deus, ille legis hujus inventor, dis-
ceptator, lator; cui qui non parebit, ipse se
fugiet ac naturam hominis aspernatus, hoc
ipso luet maximas pœnas, etiamsi cætera sup-
plicia, quæ putantur, effugerit.[1].*

---

* Scio in libro Ciceronis tertio, nisi fallor, de Re
Publicâ, disputari nullum bellum suscipi a civitate
optimâ, nisi aut pro fide aut pro salute. Quid autem dicat pro salute, vel intelligi quam salutem
velit, alio loco, demonstrans : Sed his pœnis, inquit, quas etiam stultissimi sentiunt, egestate,
exilio, vinculis, verberibus, elabuntur sæpe pri-

[1] Lactantius, Inst. VI. 8.

éternelle, dont les ordres invitent au devoir, et dont les prohibitions éloignent du mal. Soit qu'elle commande, soit qu'elle défende, ses paroles ne sont ni vaines auprès des bons, ni puissantes sur les méchans. Cette loi ne saurait être contredite par une autre, ni rapportée en quelque partie, ni abrogée toute entière. Ni le sénat ni le peuple ne peuvent nous délier de l'obéissance à cette loi. Elle n'a pas besoin d'un nouvel interprète, ou d'un organe nouveau. Elle ne sera pas autre dans Rome, autre dans Athènes; elle ne sera pas demain autre qu'aujourd'hui : mais dans toutes les nations et dans tous les temps, cette loi régnera toujours, une, éternelle, impérissable; et le guide commun, le roi de toutes les créatures, Dieu même donne la naissance, la sanction et la publicité à cette loi, que l'homme ne peut méconnaître sans se fuir lui-même, sans renier sa nature, et par cela seul, sans subir les

---

On a laissé dans les notes quelques autres passages qui sont rapportés moins littéralement, ou dont la liaison avec le reste aurait paru peu sensible. On y verra que Lælius, dans son discours, s'était élevé à de hautes considérations sur l'existence des sociétés ; qu'il avait proclamé la justice comme le principe du patriotisme, et avait prétendu justifier cette vérité par l'exemple même de Rome, exemple dont le choix était un peu paradoxal.

XVIII. Vult, inquit Lælius, plane virtus honorem; nec est virtutis ulla alia merces; quam tamen illa, inquit, accipit facile, exigit non acerbe. . . . . Huic tu viro quas divitias objicies? quæ imperia? quæ regna? qui ista putat humana, sua bona divina judicat. Sed si aut ingrati universi, aut invidi multi, aut inimici potentes, suis virtutem præmiis spoliant: næ illa se multis solatiis

---

vati, oblatâ mortis celeritate; civitatibus autem mors ipsa pœna est, quæ videtur a pœnâ singulos vindicare : debet enim constituta sic esse civitas, ut æterna sit. Itaque nullus interitus est rei publicæ naturalis, ut hominis; in quo mors non modo necessaria est, verum etiam optanda persæpe. Civitas autem cùm tollitur, deletur, exstinguitur, simile est quodam modo, ut magnis parva conferamus, ac si omnis hic mundus intereat et concidat. (*Augustinus, de Civ. Dei*, XXII. 6.)

In Re Publicâ dicit Cicero : Illa injusta bella sunt, quæ sunt sine causâ suscepta. Idem Tullius, paucis interjectis, subdidit : Nullum bellum justum habetur nisi denunciatum, nisi indictum, nisi de repetitis rebus. (*Isidorus, Orig.* XVIII. 1.)

Noster autem populus sociis defendendis terrarum jam omnium potitus est. (*Nonius, cap.* IX. *de Num. et Cas. e III de Re Pub.*)

plus dures expiations, eût-il évité d'ailleurs tout ce qu'on appelle supplice.[1]. . . . .

XVIII. La vertu veut franchement la gloire : il n'est pas d'autre prix pour elle. Ce prix, la vertu le reçoit avec empressement, et l'exige sans amertume. . . . . . Quels trésors offrirez-vous à l'homme inspiré par elle ? quels trônes ? quels empires ? Il considère de tels biens comme mortels, et ceux qu'il possède, comme divins. Que si l'ingratitude de la foule ou l'envie de quelques-uns, ou si enfin des ennemis puissans dépouillent la vertu de ses récompenses, elle

---

[1] « Je sais, dit saint Augustin, que dans le troisième livre du traité *de la République*, on soutient qu'une sage république n'entreprend jamais de guerre, hormis pour le devoir et pour le salut. Ailleurs, dit-il, pour expliquer ce qu'il entend par salut de l'état, et de quel salut il veut parler, Cicéron s'exprime ainsi : « Ces « peines, dont les esprits les plus grossiers ont le sen- « timent, la pauvreté, l'exil, la prison, les tourmens, « on s'y dérobe individuellement à la faveur d'une « prompte mort. Mais pour les états, la plus grande « peine est cette même mort qui paraît un refuge « pour les individus. Un état, en effet, doit être cons- « titué pour vivre éternellement. Il n'y a donc pas pour « une république de destruction naturelle, comme « pour l'homme à qui la mort est non-seulement né- « cessaire, mais souvent désirable. Qu'une république « disparaisse, soit détruite, anéantie ; c'est, dans la « proportion de la grandeur à la petitesse, quelque

oblectat, maximeque suo decore se ipsa sus-
tentat [1]. *   . . . .

XIX. . . . . Asiâ Ti. Gracchus : perseveravit
in civibus : sociorum nominisque latini jura
neglexit ac fœdera. Quæ si consuetudo ac licentia manare cœperit latius, imperiumque nostrum[2] ad vim a jure traduxerit, ut qui adhuc
voluntate nobis obediunt[3] terrore teneantur;
etsi nobis, qui id ætatis sumus, evigilatum fere
est, tamen de posteris nostris et de illâ immortalitate rei publicæ sollicitor[4]; quæ poterat

----

* Nisi forte stulte Pyrrhi ridetur largitas a consule, aut Samnitium copiæ Curio defuerunt. (*Nonius*, voc. *largitas*.)

Cujus etiam focum Cato ille noster, cùm venerat
ad se in Sabinos, ut ex ipso audiebamus, visere
solebat; apud quem ille sedens Samnitium, quondam hostium, tum jam clientium suorum, dona
relegaverat. (*Nonius*, voc. *apud*.)

[1] Lactantius, Inst. V. 18 et 22.
[2] Cod. *nostram*, quasi referatur ad vim : mihi vero
mendum videbatur.
[3] Cod. *obœdiunt* pro *obediunt*, quamquam altera *o*
videtur deleta.
[4] Sic loquitur Lælius, etiam de Amic. XII. Hinc Servius, Æn. II. 322 : « Civis utilis de re publicâ primum
« sollicitus est. »

» jouit encore de nombreuses consolations, et sur-
» tout elle se console par sa propre beauté. . . .

. . . .

XIX. . . . . Gracchus persévéra dans la justice
à l'égard des citoyens; mais il dédaigna les droits
et les traités garantis à nos alliés et au peuple
latin. Si cette habitude de violence et d'arbitraire s'étend plus loin, si elle fait passer notre
autorité du droit à la force, de manière que ceux
qui nous obéissent encore de leur gré, ne soient
tenus que par la crainte, nos veilles auront suffi
peut-être au salut de la génération présente ;
mais je suis en inquiétude sur le sort de nos des-
cendans et sur l'immortalité de la république :

« chose de semblable à la ruine et à la destruction
« même de l'univers. » Il y a certes de la grandeur dans
ces idées ; elles sont bien d'un Romain, d'un citoyen
de la ville éternelle. Le reste de ces fragmens n'offre
pas le même intérêt.

Cicéron dit, dans sa *République* : « Toutes les guerres
« entreprises sans motif, sont injustes. » Il ajoute, peu
après : « Aucune guerre n'est réputée juste, si elle
« n'est annoncée, si elle n'est déclarée, si elle n'est
« précédée d'une demande de restitution. » (Isidore,
Origines.)

« Notre peuple romain, en défendant ses alliés, s'est
« emparé de l'univers. » (*Nonius.*)

« Autrement, le consul eut tort de dédaigner les
« largesses de Pyrrhus , et les trésors des Samnites
« manquèrent à Curius. »

« Notre Caton, quand il venait chez lui, au pays des

esse perpetua si patriis [1] viveretur institutis et moribus.

XX. Quæ cùm dixisset Lælius, etsi omnes, qui aderant, significabant ab eo se esse admodum delectatos; tamen præter cæteros Scipio, quasi quodam gaudio elatus : Multas tu quidem, inquit, Læli, * sæpe causas ita defendisti, ut ego non modo tecum Servium Galbam collegam nostrum, quem tu quoad vixit omnibus anteponebas, verum ne atticorum quidem oratorum quemquam aut suavitate. . . . .

. . . .

XXI. . . . . . reportare. Ergo illam rem populi, id est rem publicam, quis diceret tum cùm crudelitate unius oppressi essent universi [2]? neque esset unum vinculum juris, nec consensus ac societas cœtûs, quod est populus. Atque hoc idem Syracusis. Urbs [3] illa præclara, quam ait

---

* Duas sibi res quominus in vulgus et in foro diceret, confidentiam et vocem, defuisse. (*Nonius,* voc. *confidentia.*)

[1] Cod. *patris* crasi solitâ, ut alibi *alis* pro *aliis*, etc. Sed tamen lib. II. 4, eadem vox *patris* correcta in codice fuit *patriis.*

[2] Cod. *univiersi.*

[3] Cod. *urps.* Recole de Re Pub. II. 5, not.

cette immortalité, elle pouvait l'obtenir en conservant les institutions et les mœurs antiques.

XX. Quand Lælius eut achevé de parler, tous ceux qui étaient présens laissaient voir l'extrême plaisir que leur avait fait son discours. Mais Scipion, plus touché que les autres, et comme ravi de joie, lui dit : O Lælius! vous avez plaidé bien des causes avec une éloquence à laquelle, pour la grâce et pour la force, je n'oserais comparer ni celle de Servius Galba, notre collègue, que de son vivant vous préfériez à tous les autres, ni celle des orateurs athéniens; mais jamais vous n'avez parlé mieux qu'aujourd'hui, et dans une plus noble cause.[1] . . . .

XXI. . . . . SCIPION. Verrez-vous une république dans Agrigente, lorsque tous y étaient opprimés par la cruauté d'un seul, et qu'il n'existait plus de lien légal, plus de société, plus de consentement public, ce qui seul fait un peuple?

« Sabins, ne manquait pas, comme nous l'avons appris « de lui-même, d'aller voir le foyer près duquel était « assis Curius, lorsqu'il renvoya les présens des Sam- « nites, naguère ses ennemis et déjà ses cliens.» (*Nonius.*)

[1] La traduction a suppléé quelques mots. L'éditeur de Rome rapporte à cet endroit une phrase du troisième livre *de la République*, citée par Nonius, et dans laquelle Lælius disait, que deux choses lui avaient manqué pour parler devant la foule et dans le Forum, la hardiesse et la voix.

Timæus græcarum maximam, omnium autem esse pulcherrimam, arx visenda, portus usque in sinus oppidis et ad urbis crepidines infusi, viæ latæ, porticus, templa, muri, nihilo magis efficiebant, Dionysio tenente, ut esset illa res publica : nihil enim populi, et unius erat populus[1] ipse. Ergo ubi tyrannus est, ibi non vitiosam, ut heri dicebam, sed, ut nunc ratio cogit, dicendum est plane nullam esse rem publicam.

XXII. Præclare quidem dicis, Lælius[2]; etenim video jam quò pergat oratio. *SCIPIO.* Vides igitur ne illam quidem quæ tota sit in factionis potestate, posse vere dici rem publicam. *LÆLIUS.* Sic plane judico. *SCIPIO.* Et rectissime quidem judicas : quæ enim fuit tum Atheniensium res, cùm post magnum illud peloponesiacum bellum triginta viri[3] illi urbi injustissime præfuerunt? Num aut vetus gloria civitatis, aut species præclara oppidi, aut theatrum, gym-

---

¹ Cod. *populius.*

² Subintellige *inquit.*

³ Ita cod. quæ vox *viri* inserenda videtur etiam lib. I. 28, ubi eam codex desiderat.

Il en est de même de Syracuse, cette ville superbe [1], que Timée nomme la plus grande des
villes grecques, et la plus belle de toutes les villes.
Cette citadelle admirable, ces ports qui s'éten-
daient jusque dans l'intérieur des murs, et
baignaient les quais de la ville, ces rues si larges,
ces portiques, ces temples, ces murailles ne
faisaient pas que Syracuse fût une république,
tant que régnait Denys : rien de tout cela n'ap-
partenait au peuple ; et le peuple lui-même ap-
partenait à un homme. Ainsi donc, où je vois
un tyran, non seulement la société est vicieuse,
comme je le disais hier ; mais il faut dire, et la
raison le veut, qu'il n'existe là nulle espèce de
société.

XXII. Vous parlez admirablement, reprit
Lælius, et j'aperçois où tend ce discours. *SCI-
PION.* Vous comprenez alors qu'un état qui est
tout entier au pouvoir d'une faction ne saurait
non plus être appelé justement une société politique. *LÆLIUS.* Je le pense. *SCIPION.* Et vous
avez raison. Que fut dans la réalité la ville d'A-
thènes, lorsqu'après la grande guerre du Pélo-

---

[1] Montesquieu trace un admirable tableau du gouvernement variable de cette ville, et des alternatives de
despotisme et d'anarchie dont elle fut sans cesse tour-
mentée. « Syracuse, qui se trouva placée au milieu
« d'un grand nombre de petites oligarchies changées
« en tyrannies ; Syracuse qui avait un sénat, dont il

nasia, porticus, aut propylæa nobilia, aut arx[1], aut admiranda opera Phidiæ, aut Piræus ille magnificus rem publicam efficiebat? Minime vero, Lælius[2]; quoniam quidem populi res non erat. *SCIPIO.* Quid cùm decemviri Romæ sine provocatione fuerunt, tertio illo anno, cùm vindicias amisisset ipsa libertas? *LÆLIUS.* Populi nulla res erat; imo vero id populus egit, ut rem suam recuperaret.

XXIII. *SCIPIO.* Venio nunc ad tertium genus illud in quo esse videbuntur fortasse angustiæ, cùm per populum agi dicuntur et esse[3] in populi potestate omnia[4]; cùm de quocumque vult[5] supplicium sumit multitudo, cùm agunt, rapiunt[6], tenent, dissipant quæ volunt; potes-ne tum, Læli, negare rem esse illam publicam cùm populi sint omnia, quoniam quidem populi esse rem volumus rem publicam? Tum

---

[1] Cod. *ara;* sed videbatur omnino scribendum *arx.* Sane forma litteræ *X* non valde differt ab *A* in hoc codice vaticano.

[2] Nempe *inquit.*

[3] Cod. *ea se.*

[4] Cod. bis *omnia.*

[5] Cod. *volt.*

[6] Exprimit Cicero græcam locutionem ἄγειν καὶ φέρειν.

ponèse, elle se trouva sous l'injuste domination de trente chefs imposés? L'antique gloire de cette cité, le pompeux aspect de ses édifices, son théâtre, son gymnase, ses portiques, les célèbres parvis de ses temples, sa citadelle, les admirables ouvrages de Phidias, le port magnifique du Pirée, en faisaient-ils une république? Nullement, dit Lælius : il n'y avait point là la chose du peuple.

SCIPION. Et à Rome, lorsque dix hommes dominaient, sans appel de leurs sentences, dans cette troisième année de leur pouvoir, où la liberté elle-même fut frappée de sequestre?

LÆLIUS. Alors la chose du peuple n'existait plus; et même bientôt le peuple agit pour la reconquérir.

XXIII. *SCIPION.* Je viens maintenant à cette troisième forme de gouvernement, où l'on trouvera peut-être quelque difficulté. Je parle de celle où le peuple est désigné comme ayant tout

« n'est presque jamais fait mention dans l'histoire,
« essuya des malheurs que la corruption ordinaire ne
« donne pas. Cette ville, toujours dans la licence ou
« dans l'oppression, également travaillée par sa liberté
« et par sa servitude, recevant toujours l'une et l'autre
« comme une tempête, et, malgré sa puissance au
« dehors, toujours déterminée à une révolution par la
« plus petite force étrangère, avait dans son sein un
« peuple immense qui n'eut jamais d'autre alternative
« que de se donner un tyran ou de l'être lui-même. »
(*Esprit des Lois.*)

Lælius : Ac nullam quidem citius negaverim
esse[1] rem publicam *quàm quæ* tota *sit in*
multitudinis potestate : plane ut nobis non
placebat Syracusis fuisse rem publicam, neque
Agrigenti, neque Athenis, cùm essent tyranni;
neque *Romæ*[2] cùm decemviri : nec[3] video quî
magis in multitudinis dominatu rei publicæ nomen appareat : quia primum mihi populus non
est, ut tu optime definisti, Scipio, nisi qui
consensu juris continetur; sed est tam tyrannus
iste conventus quàm si esset unus[4]; hoc etiam
tetrior, quia nihil istâ, quæ populi speciem et
nomen imitatur, immanius belluâ est. Nec vero
convenit[5] cùm furiosorum bona legibus in adgnatorum potestate sint, quod eorum jam[6]. .

. . . .

---

[1] Pagina admodum oblitterata est ; quare aliquot
verba suppleo, habitâ spatiorum ratione.

[2] Hoc vocabulum prorsus deest in paginâ, et tamen
adsumendum est necessario.

[3] Ambiguum est in codice utrum sit *nec*, an *neque.*

[4] Nempe *vir unus.*

[5] Cod. *convernit*; sed *r* videtur deleta.

[6] Scilicet desunt duo folia quaternionis xli, tertium
et intimum.

en sa puissance, alors que la multitude inflige comme elle veut les supplices, lorsqu'elle enlève, saisit et prodigue à son gré ; pouvez-vous, Lælius, méconnaître là le caractère de république ? Toute chose y dépend du peuple ; et nous voulons que la chose publique soit la chose du peuple. Lælius reprit : Il n'est point d'état auquel je refuse plus nettement le nom de *chose publique*, qu'à celui qui est placé tout entier dans la main de la multitude. Il ne nous paraissait pas exister de république dans Agrigente, dans Syracuse et dans Athènes, quand les tyrans y dominaient ; ni à Rome, sous les décemvirs : je ne vois pas comment le nom de république pourrait se placer davantage au milieu du despotisme de la multitude : d'abord, parce que, suivant votre heureuse définition, Emilien, il n'existe point de peuple pour moi, s'il n'est contenu par le lien commun de la loi. Hors de là, cet assemblage d'hommes est tyran aussi bien qu'un seul homme, et même tyran d'autant plus odieux, qu'il n'est rien de plus terrible que cette bête féroce qui prend la forme et le nom de peuple. Et lorsque nos lois placent les biens des insensés sous la tutelle de leurs proches, il n'est pas conséquent de laisser une aveugle multitude maîtresse absolue de tout faire[1]. . . . .

---

[1] Plusieurs pages perdues nous enlèvent la suite de

XXIV. . . . . . . dici possint, cur illa sit res
publica resque populi, quæ sunt dicta de regno?
Et multo etiam magis, inquit Mummius: nam
in regem potius cadit domini similitudo, quòd
est unus: plures[1] vero boni in quà re publicâ
rerum potientur, nihil poterit esse illâ beatius.
Sed tamen vel regnum malo, quàm liberum
populum; id enim tibi restat genus vitiosissimæ
rei publicæ tertium.

XXV. Hîc[2] Scipio : Adgnosco, inquit, tuum
morem istum, Spuri, aversum[3] a ratione populari : et[4] quamquam potest id lenius ferri, quàm
tu soles ferre, tamen adsentior nullum esse de
tribus his generibus, quod sit probandum minus. Illud tamen non adsentior tibi[5], præstare
regi optimates: si enim sapientia est, quæ gu-
bernet rem publicam, quid tandem interest hæc
in[6] uno-ne sit an in pluribus[7]? Sed errore quo-

---

[1] Pagina est admodum oblitterata ; duo igitur hæc
vocabula *unus* et *plures* paulo incertiora sunt.

[2] Cod. videtur habere *huc.*

[3] Cod. *amaversum;* sed prior *m* videtur deleta.

[4] Cod. *populi fiet.*

[5] Cod. *adsentio aut bi.*

[6] Cod. *hæc juno.*

[7] Cod. *an in pluribus in.*

XXIV...... On peut soutenir qu'une sage
aristocratie mérite le nom de *chose publique*,
de chose du peuple, expression que l'on applique à l'état monarchique. Oui, dit Mummius,
elle le mérite à plus juste titre. L'unité de pouvoir en effet expose davantage le roi à ressembler
au despote; mais lorsque plusieurs hommes vertueux exercent la puissance, il ne saurait exister
d'état plus fortuné qu'une telle république. Du
reste, j'aime mieux même la royauté que la domination du peuple libre; car il vous reste encore à examiner cette troisième forme de gouvernement corrompu.

XXV. Scipion reprit : Je reconnais ici, Mummius, votre aversion décidée pour le système
populaire; et bien que l'on puisse le traiter avec
plus d'indulgence que vous ne faites ordinaire-
ment, je vous accorde cependant que des trois
formes de gouvernement, il n'en est aucune qui
soit moins digne d'éloge. Mais je ne vous accorde
pas que l'aristocratie soit préférable à la royauté.
Car, si vous supposez la sagesse à la tête des
affaires, qu'importe que cette sagesse réside dans

---

ces réflexions si énergiques et si vraies. A l'endroit où
le texte recommence, la première phrase est impar-
faite et mutilée; et la traduction a suppléé quelques
mots pour marquer la liaison des idées.

dam fallimur ita disputando : cùm enim optimates [1] appellantur, nihil potest videri præsta-
bilius. Quid enim optimo melius cogitari potest?
Cùm autem regis est facta mentio, occurrit animis rex etiam injustus : nos autem de injusto
rege nihil loquimur nunc cùm de ipsâ regali re
publicâ quærimus. Quare cogitato Romulum,
aut Pompilium, aut Tullum [2] regem, forsan [3]
non tam illius te rei publicæ pœnitebit. *MUM-*
MIUS. Quam igitur relinquis populari rei publicæ laudem? Tum ille : Quid tibi tandem,
Spuri, Rhodiorum, apud quos nuper fuimus
una, nulla-ne videtur esse res publica? *MUM-*
MIUS. Mihi vero videtur; et minime quidem
vituperanda. *SCIPIO.* Recte dicis : sed si me-
ministi, omnes erant idem tum de plebe, tum
senatores, vicissitudinesque habebant quibus
mensibus populari munere fungerentur, quibus
senatorio : utrobique [4] autem conventicium ac-

---

[1] Cod. *optumatis*, quæ terminatio primi casûs esse
nequit.

[2] Cod. *autullum*, extritâ ob concursum alterâ *t.*

[3] Cod. *fortan* perspicue.

[4] Cod. *atrubique.*

un seul ou dans plusieurs? Mais une erreur de
mots nous abuse dans cette discussion. Prononce-
-t-on ce nom d'*aristocratie*, qui exprime le
gouvernement des meilleurs, l'imagination ne
peut concevoir rien de préférable. Que peut-on
en effet préférer à ce qui est bon par excellence?
Est-il au contraire mention d'un roi, aussitôt se
présente à l'esprit l'idée d'un roi injuste. Mais
moi, je n'entends point parler du roi injuste,
en ce moment où je recherche la nature du
gouvernement royal. Concevez à ce mot de roi
l'idée d'un Romulus, d'un Numa, d'un Tullus,
et peut-être alors serez-vous moins sévère pour
cette forme de constitution. *MUMMIUS*. Quel
mérite laissez-vous donc à la constitution purement démocratique? Scipion reprit : Je vous le
demande, cette île de Rhodes, où nous étions
naguère ensemble, vous paraît-elle avoir une
constitution républicaine? *MUMMIUS*. Oui, à
mon avis; et une constitution fort peu répré-
hensible. *SCIPION*. Vous avez raison : eh bien !
si vous vous en souvenez, tous les citoyens
étaient également membres du sénat et du peuple, et ils passaient alternativement quelques mois
dans leurs fonctions populaires, et quelques autres
dans leurs fonctions sénatoriales. Des deux côtés

cipiebant; et in theatro et in curiâ res capitales
et reliquas omnes judicabant idem [1]: tantum
poterat tantique erat quanti multitudo [2] . . .

. . . .

---

[1] *Idem* pro *iidem* ut supra; nisi forte mavis inter-
punctionem praevertere, et τὸ *idem* ad sequentia referre.

[2] Ultima hæc apparet in codice nota quaternionum;
reliqua enim folia tantummodo librorum notam inscriptam habent. Jamvero hîc cognoscere adamussim
licet quanta pars hactenus operis de Re Publicâ in mutilo codice vaticano desideretur. Quippe quaterniones
XLI ducti in paginas XVI, conficiunt paginas DCLVI;
habemus autem hactenus paginas CCXCII; ergo deside-
rantur paginæ CCCLXIV; ergo hactenus caret codex parte
foliorum plus dimidiâ. Additis tamen fragmentis cog-
nitis libri primi et secundi et magnis partibus tertii,
tenemus huc usque dimidiam materiæ fere partem.

ils recevaient un droit de séance : les mêmes hommes, sur le théâtre et dans le sénat, connaissaient des accusations, et de toutes les autres affaires.. . . . .

FRAGMENTA

EST igitur quiddam turbulentum in hominibus singulis, quod vel exsultat voluptate, vel molestiâ frangitur. (*Nonius*, voc. *exsu'tare.*)

Phœnices primi mercaturis et mercibus suis avaritiam et magnificentiam et inexplebiles cupiditates omnium rerum exportaverunt in Græciam. (*Nonius*, voc. *merx.*)

Sed ut ipsi seu animum periclitantur seu vident quid se putent esse facturos. (*Nonius*, voc. *periculum, periclitari.*)

Sardanapalus, rex Assyriorum luxuriosus, de quo Tullius in tertio de Re Publicâ sic ait : Sardanapalus ille vitiis multo quàm nomine ipso deformior. (*Scholiastes Juvenalis ad sat.* x. 362.)

Quid ergo illa sibi vult absurda exceptio, nisi quis Athonem pro monumento vult funditus efficere? Quis enim est Athos aut Olympus tantus ? (*Priscianus*, lib. VI. p. 710.)

Nunc est locus, ut quàm potero breviter ac dilucide expediam, quod in secundo hujus operis

FRAGMENS.

« Il y a dans chaque homme un élément désor-
« donné qui s'exalte par le plaisir et s'abat par la
« douleur. » (*Nonius.*)

« Les Phéniciens ont les premiers, par leur né-
« goce et leurs échanges, importé dans la Grèce
« l'avarice, la somptuosité et l'insatiable passion
« de toutes les jouissances. » (*Nonius.*)

Voilà tout ce qu'il y a de traduisible dans les
courts et informes fragmens que le savant éditeur
réunit à la fin de ce troisième livre, si curieux par
le sujet, et si malheureusement mutilé dans le
manuscrit du Vatican. Nous n'avons donc qu'une
bien faible partie de cette belle discussion sur la
justice; mais nous ne pouvons douter que les principaux argumens qu'elle offrait ne se retrouvent
dispersés sous mille formes dans les ouvrages des
premiers défenseurs du christianisme. Lactance et
saint Augustin en sont remplis : le premier, dans
le cinquième livre de ses *Institutions,* où il traite
particulièrement de la justice, après avoir trans-
crit les sophismes de Carnéade, reproche à Lælius,
ou plutôt à Cicéron, de ne les avoir repoussés que
faiblement, parce qu'il ne connaissait pas la source

libro me demonstraturum esse promisi, secundum
definitiones, quibus apud Ciceronem utitur Scipio
in libris de Re Publicâ, nunquam rem publicam
fuisse romanam. — Breviter enim rem publicam
definit esse rem populi, etc., populum esse cœtum
multitudinis, juris consensu et utilitatis communione sociatum. Quid autem dicat juris consen-
sum, disputando explicat, per hoc ostendens geri
sine justitiâ non posse rem publicam : ubi ergo
justitia vera non est, nec jus potest esse. Quod
enim jure fit, profecto juste fit. Quod autem fit
injuste, nec jure fieri potest. Non enim jura dicenda sunt, vel putanda, iniqua hominum constituta : cùm illud etiam ipsi jus esse dicant, quod
de justitiæ fonte manaverit; falsumque esse, quod
a quibusdam non recte sentientibus dici solet, id
esse jus quod ei qui plus potest utile est. Quocirca,
ubi non est vera justitia, juris consensu sociatus
cœtus hominum non potest esse ; et ideo nec populus, juxta illam Scipionis vel Ciceronis definitionem : et si non populus, nec res populi ; sed
qualiscumque multitudinis, quæ populi nomine
digna non est. Ac per hoc, si res publica res populi est, et populus non est qui consensu non sociatus est juris; non est autem jus ubi nulla justitia est, procul dubio colligitur, ubi justitia non
est, non esse rem publicam. Justitia porro ea virtus
est, quæ sua cuique distribuit. (*August. Civ. Dei,*
XIX. 21.)

souveraine de toute justice. Mais l'éloquent évêque d'Hippone accepte le secours des vérités naturelles démontrées par Cicéron; il invoque au profit du christianisme, si long-temps persécuté par les lois, cette belle pensée de Scipion, que les ordonnances arbitraires des hommes ne prescrivent jamais contre la justice. Il résume, il réunit ce que Cicéron avait mis à cet égard dans la bouche de Scipion et de Lælius; il triomphe d'opposer cette grande autorité à l'antique tradition des préjugés païens. Comme cette analise reproduit des idées déjà exprimées dans le texte, nous croyons inutile de la traduire. Saint Augustin d'ailleurs conserve rarement les formes de l'éloquence de Cicéron; mais dans un autre passage, il nous fait connaître du moins les idées que Cicéron avait prêtées à ses interlocuteurs sur un point assez difficile : le moyen de concilier les conquêtes et la domination des Romains avec ce principe de justice proclamé si hautement.

« Dans ces livres *de la République*, dit-il, on « plaide très-fortement et très-vivement la cause « de la justice contre l'iniquité. La cause de l'in« justice avait été soutenue d'abord : il avait été « dit en sa faveur que nul état ne pouvait s'ac« croître et se maintenir sans l'injustice; on avait « cité en preuve, et comme le plus fort exemple, « cette injustice qui veut que des hommes obéissent

Disputatur certe acerrime, atque fortissime in eisdem ipsis de Re Publicâ libris adversus injustitiam pro justitiâ. Et quoniam, cùm prius ageretur pro injustitiæ partibus contra justitiam, et diceretur, nisi per injustitiam rem publicam stare augerique non posse; hoc veluti validissimum positum erat, injustum esse, ut homines hominibus dominantibus serviant; quam tamen injustitiam nisi sequatur imperiosa civitas, cujus est magna res publica, non eam posse provinciis imperare; responsum est a parte justitiæ, ideo justum esse, quòd talibus hominibus sit utilis servitus, et pro utilitate eorum fieri cùm recte fit, id est cùm improbis aufertur injuriarum licentia; et domiti se melius habebunt quia indomiti deterius se habuerint : subditumque est, ut ista ratio firmaretur, veluti a naturâ sumptum nobile exemplum, atque dictum est : Cur igitur Deus homini, animus imperat corpori, ratio libidini cæterisque vitiosis animi partibus? (*Augustinus, Civ. Dei,* XIX. 21.)

Audi manifestiora quæ dicat (Tullius) in libro de Re Publicâ tertio, cùm ageret de causâ imperandi : « An non, inquit, cernimus optimo cuique dominatum ab ipsâ naturâ cum summâ utilitate infimorum datum? Cur igitur Deus homini, animus imperat corpori, ratio libidini iracundiæque et cæteris vitiosis ejusdem animi partibus? » Adhuc audi; paulo post enim : « Sed et imperandi et

« servilement à d'autres hommes ; injustice sans
« laquelle cependant une cité puissante, dont la
« domination s'étend au loin, ne pourrait gouver-
« ner ses provinces. A cela, les partisans de la jus-
« tice répondent, que cet ordre de choses est juste,
« parce que la servitude est utile à de tels hommes ;
« qu'il est établi dans leur intérêt, lorsqu'il est
« régulier, c'est-à-dire, lorsqu'il en résulte pour
« les méchans l'impuissance de mal faire, et qu'ils
« se trouvent bien d'être assujétis, parce qu'ils
« abusaient de leur liberté. On ajoute, pour ap-
« puyer ce raisonnement, une belle comparaison
« prise à la nature. On dit : « Pourquoi Dieu com-
« mande-t-il à l'homme, l'âme au corps, la raison
« à la passion et à toutes les autres parties vicieuses
« de l'âme ? »

Saint Augustin, dans son traité contre Pélage,
revient à s'appuyer de ces mêmes raisonnemens,
et les reproduit avec plus d'étendue, et sans doute
dans l'exactitude même des expressions originales.
Singulier hasard littéraire ! révolution bizarre de
l'esprit humain qui, dans un intervalle de quatre
siècles, fait servir à défendre la doctrine théolo-
gique de la *grâce* ces mêmes pensées, ces mêmes
images que Cicéron avait employées pour justifier
la dictature de Rome sur l'univers !

« Ecoute, dit saint Augustin à l'hérésiarque Pé-
« lage, écoute les argumens de Cicéron dans le
« troisième livre de sa *République*, lorsqu'il ex-

serviendi , inquit, sunt dissimilitudines cognos-
cendæ. Nam ut animus corpori dicitur imperare,
dicitur etiam libidini; sed corpori, ut rex civibus
suis, aut parens liberis; libidini autem, ut servis
dominus , quòd eam coercet et frangit. Sic regum,
sic imperatorum, sic magistratuum, sic patrum,
sic populorum imperia civibus sociisque præsunt,
ut corporibus animus : domini autem servos ita
fatigant, ut optima pars animi, id est sapientia,
ejusdem animi vitiosas imbecillasque partes , ut
libidines, ut iracundias, ut perturbationes cæteras. » (*Augustinus, contra Julianum Pelag.* IV.
ff. 61.)

Est enim genus injustæ servitutis, cùm hi sunt
alterius, qui sui possunt esse; cùm autem hi famulantur *qui sibi moderari nequeunt, nulla injuria
est.* (*Nonius,* voc. *famulantur.*)

In tertio de Re Publicâ libro Cicero cùm Herculem et Romulum ex hominibus deos esse factos
asseveraret : « Quorum non corpora, inquit, sunt
in cœlum elata ; neque enim natura pateretur, ut
id, quod esset e terrâ, nisi in terrâ maneret. »
(*Augustinus, Civ. Dei,* XXII. 4.)

plique la raison du pouvoir. « Ne voyons-nous pas,
« dit-il, que la nature donne partout l'autorité à
« ce qu'il y a de meilleur, pour la plus grande uti-
« lité de ce qu'il y a de plus faible, etc., etc. ? »
« Ecoute ce qui suit peu après : « Il y a, dit-il en-
« core, divers modes de commandement et d'o-
« béissance : on dit également que l'âme com-
« mande au corps, et qu'elle commande aux pas-
« sions ; mais elle commande au corps comme
« un roi à ses compatriotes, un père à ses enfans ;
« et avec les passions, elle est comme un maître
« avec ses esclaves : elle les réprime, elle les domte.
« L'autorité des rois, des généraux, des magis-
« trats, des sénateurs, des peuples, doit s'exercer,
« à l'égard des citoyens et des alliés, comme celle
« de l'âme s'exerce sur le corps. Mais l'empire
« violent du maître sur les esclaves est l'image de
« celui que la partie la plus pure de l'âme, c'est-
« à-dire la sagesse, prend sur les parties faibles
« ou corrompues de l'âme, sur les passions, sur
« la colère, et sur les autres désordres de l'intel-
« ligence. »

NOTÆ

AB ANGELO MAIO CONCINNATÆ

IN LIBRUM SECUNDUM.

Pag. 2, versu 1.

Ut omnes igitur vidit incensos cupiditate audiendi.

Iɴɪᴛɪᴏ secundi libri relictum fuit in codice spatium ad scribenda illuminatoris manu auro vel minio verba ; vacui sunt nimirum versus tres, quorum fere quisque nec minus novem capere solet nec plus undecim litteris. Ego itaque ita supplevi, cùm inferius, cap. xɪɪɪ, occurrat phrasis *studiis ut vidit incensos.* Particulam autem *igitur* tertiâ membri sede video, cap. ɪɪ et xɪ. Sedenim liceret quoque scribere : *Cùm ergo omnes essent incensi cupi-;* vel *Quem cùm omnes intuerentur incensi cupi-* (confer Acad. IV. 19); vel paulo aliter, ut Ciceronis multæ ad novum librum transitiones monebunt ; v. gr. de Fin. II : « Hìc cùm « uterque me intueretur, seseque ad audiendum « significarent paratos. » Et IV : « Quæ cùm dixis- « set, finem ille ; ego autem. » Et Nat. D. II : « Quæ

« cùm Cotta dixisset, tum Velleius. » Et III :
« Quæ cùm Balbus dixisset, tum arridens Cotta. »
Et de Or. III. 5 : « Cùm placuisset idem cæteris,
« in silvam venitur, et ibi magnâ cum audiendi
« exspectatione considitur. Tum Crassus. » Neque
abhorret ab hoc more virgilianum illud :

Conticuêre omnes, intentique ora tenebant;
Tum pater Æneas.

Jam ejusmodi spatia, quibus initia librorum vel
capita fuissent scribenda, sæpe occurrunt in codicibus priscis. Sic in ambrosianis palimpsestis
desunt initia orationum de ære alieno Milonis,
pro Archiâ, et Symmachi laudum in Gratianum :
sic in membranis palatinis initium pro Roscio; sic
item in veronensi Caii codice. Lege etiam L. Are-
tinum, ep. ii. 10. Quin adeo defectum eumdem in
codicibus quoque xv et xvi sæculi sæpenumero
videre est. Tantus fuit olim litteris ornatioribus
auspicandi libros amor ! quod ubi factum est, tum
alia labes eisdem sæpe principiis accidit, furun-
culorum nimirum aut ineptorum hominum stulta
aviditas, qui, præcisis iis litteris vel icunculis,
scripturam simul posticam comminuerunt; quam
rem cùm multi codices docent, tum in primis no-
bilissimi duo, vaticanus nempe Virgilius et Ho-
merus ambrosianus. Sed tamen fieri potest ut hujus
libri initium minio quidem vel succo quovis co-
lorato scriptum olim fuerit (quod membranæ sulci
quidam mihi persuadent); id autem omne tinc-

turæ genus evanuerit cùm codex ob rescribendum
elutus est. Quippe unum fere atramentum contra
vim ablutionis utcumque manet incolume. Cujus
rei certa exempla deinceps alibi prolaturus sum.

Pag. 4, versu 2.

Utriusque judicio.

Pauli qui genuit, et Scipionis Africano superiore geniti qui adoptavit. Namque ipsi Scipioni
superiori infensus fuit Cato, ut ait Livius, XXXVIII.
54; quem locum citat Quintilianus, Inst. VIII. 6,
confirmantque Plinius in præf. et Nepos.

Pag. 4, versu 5.

Me totum ab adolescentiâ dedidi.

Hinc Cicero, de Invent. I. 4, Scipionem dicit
Catonis discipulum. Vicissim Cato quanti Scipionem faceret declaravit homerico versu (Plut. in
Cat. fin.) cujus interpretatio hæc est in Livii, epitome lib. XLIX : « Reliquos qui in Africâ milita-
« rent, umbras militare ; Scipionem vigere. »

Pag. 4, versu 5.

Cujus me nunquam satiare potuit oratio.

Catonis vim dicendi præfert Velleius, I. 17, Scipionis et Lælii et cæterorum ante Tullium elo-
quentiæ. Nec mirum ; siquidem videbatur Sallustio
Cato romani generis disertissimus. Bene autem

est, quòd Catonis copiosum fragmentum ex oratione quæ inscribitur *de sumptu suo* cum Frontonis
epistolis nos propediem edemus.

Pag. 4, versu 7.

Et gravitate mixtus lepos.

Multos Catonis sales scribit in ejusdem vitâ Plutarchus. Adi et Macrobium, Sat. II. 1, 2, nec non
Augustinum, de Doct. ch. 11. 31. Catonis liber jo-
cosorum ἀποφθεγμάτων memoratur a Tullio, Off. I.
29. Quare mendosus creditur Hieronymi locus,
ep. cxxx. 13, ubi ait Catonem, non secus ac illum
Crassum, semel in vitâ risisse. Catonem imitatus
videtur Scipio, cujus lepida dicta aliquot leguntur
apud strategematum auctores, et Cic. de Or. II;
eaque collegisse videtur Polybius. Vide Suidam,
voc. παρέργως.

Pag. 4, versu 7.

Summum vel discendi studium, vel docendi.

Namque opera Catonis didascalica fuerunt : *de
Rhetoricâ, de Medicinâ, de Moribus, de Liberis
educandis, de Re militari, de Agriculturâ.* Plinius, XIV. 3, ait a Catone præcepta data omnium
rerum expetendarum. Apud eumdem, XXXV. 2,
omnium bonarum artium magister dicitur Cato.

Pag. 4, versu 8.

Orationi vita admodum congruens.

Sedenim Plinius, VII. 27, Scipionem Æmilia-

rnum in cunctis Catoni præponere non dubitat;
quod judicium sequitur Solinus, cap. vii. Catonem
et Scipionem exæquat Seneca, ep. lxxxvii : « Ca-
« tonem tam rei publicæ profuit nasci, quàm Sci-
« pionem; alter enim cum hostibus nostris bellum,
« alter cum moribus gessit. » Licet autem mirari
tantam Scipionis cum Catone necessitudinem, cùm
ille optimates, hic populum studiosissime tueretur.

Pag. 4, versu 9.

Is dicere solebat.

Mortuus quippe Cato erat anno fere vigesimo
ante hunc dialogum de Re Pub. Disputatur enim
anno dcxxv; capta fuit Carthago anno varroniano
dcviii; Cato a Velleio, i. 13, dicitur mortem obiisse
ante triennium quàm Carthago deleretur.

Pag. 6, versu 16.

Rem publicam.... nascentem et crescentem.... et robustam.

Ciceronis exemplo, qui hoc in opere romanam
historiam a primordiis contexuit, impulsum se dicit Atticus (Brut. v) ad annales suos conscriben-
dos : « Nam ut illos de Re Publicâ libros edidisti,
« nihil a te sane postea accepimus; eisque nosmet-
« ipsi ad veterum annalium memoriam compre-
« hendendam impulsi atque incensi sumus. » De-
siverat autem Atticus in ipso hujus operis de Re
Pub. natali anno; siquidem Tullius docet (Orat.

xxxiv) Atticum annorum septingentorum memoriam suo libro colligavisse.

Pag. 8, versu 12.

Ut natus sit cum Remo fratre.

Altum deinde apud Ciceronem de Remo silentium est, sive ne cogatur divum Romulum criminari de fraternâ cæde, sive ob ejus rei controversiam. Nam de obitu Remi multiplex sententia legitur, super quâ disserit Augustinus, Civ. Dei, III. 6. Alii quippe a Romulo vel ejus jussu cæsum aiunt; alii a Celere, sed inscio Romulo; alii ob muros despectos; alii in acie. Liv. I. 7; Dionys. I. 87; Ovid. Fast. IV. 843, V. 471; Propert. IV. 1. 50; Tibul. II. v. 24; Aur. Vict. Vir. illust. 1; Strabo, lib. V. p. 352; Lactant. Iust. I. 15; Lydus, de Mag. rom. I. 5; Plut. in Romulo; Digest. 1. VIII. 11; Serv. Æn. VI. 780, et XI. 603; Aug. Civ. Dei, XV. 5, et de Consens. ev. I. 19. Egnatius autem historicus apud Aur. Vict. Orig. rom. narrat Remum non modo non esse occisum, sed etiam ulterius a Romulo vixisse. Servio Virgilius, æque ac mihi Cicero, videtur eâdem reticentiâ studiose usus. Namque ad Æn. I. 276 :

Romulus . . . . . mavortia condet
Mœnia.

adnotat Servius : « Bene Romulum solum ait, dissimulans de parricidio. »

Pag. 8, versu 15.

Silvestris bellux sustentatus uberibus.

Locutionem imitari videtur Propertius, III.
VII. 51 :

Eductosque pares silvestri ex ubere reges.

Pag. 8, versu 18.

Animi ferocitate cæteris præstitisse.

Hoc politici homines primum aiunt et anti-
quissimum dominandi jus, præcellentem scilicet
corporis et animi vim. Dionys. I. 5. Victor autem,
Orig. rom. xxi : « Romulum a virium magnitudine
« appellatum ; nam græcâ linguâ ῥώμην virtutem
« dici certum est. »

Pag. 10, versu 10.

Firmare . . . . . rem publicam.

Ad hunc Tullii locum respexisse videtur Augustinus, ep. cxxxviii. 10, cùm scripsit : « Longe
« melius Romulo, etc., consecraret, firmaret, au-
« geretque rem publicam. »

Pag. 10, versu 15.

Incredibili opportunitate delegit.

Ubertatem certe, quam in primis urbano situi
decernit Aristoteles, Rei Pub. VII. 5, negatam
prope romano solo aiunt quidam apud Tullium
in Rul. II. 35, et apud Dionys. VIII. 8. Contra

tamen, et vere, Plutarchus, Romul. cap. 1, agri
romani bonitatem experimento cognitam ait. Nostrâ etiam ætate nusquam hic ager adversus cul-
tores ingratus est. Sedenim Tullii hunc de Re Pub.
locum videtur Strabo, lib. V. p. 351, studiose refutare, dum ait situm urbi condendæ non delectu
sed necessitate fuisse captum; (quod fatebitur ipse
Cicero, cap. XI) quippe qui neque naturâ munitus
esset, neque aliis tunc uteretur commoditatibus:
Κτίσαι τὴν Ῥώμην ἐν τόποις οὐ πρὸς αἵρεσιν μᾶλλον, ἤ πρὸς
ἀνάγκην ἐπιτηδείοις· οὔτε γὰρ ἐρυμνὸν τὸ ἔδαφος, κ. τ. λ.
Idem nihilominus Strabo, p. 358, sqq. late narrat
innumeras commoditates, quæ romanæ urbi pau-
latim accesserunt a vicinis regionibus et ab indus-
triâ potentiâque civium, ita ut in orbe nihil esset
Româ melius aut felicius. Quâ in sententiâ potissimum licuit quoque Propertio de Româ canere,
III. XXII. 18:

> Natura hîc posuit quidquid ubique fuit.

Pag. 10, versu 14.

Neque enim ad mare admovit, etc.

Locum e II de Re Pub. citat Fronto, exem. eloc.
voc. *admovit*, omissis tamen verbis *illâ manu copiisque*, tam in codice mediolanensi, quàm in
quatuor vaticanis.

Pag. 12, versu 3.

Ad spem diuturnitatis conderentur atque imperii.

Utrum urbs, quæ conditur, ad mare sit admo-

,venda, necne, deque maris utilitatibus ac detri-
,mentis, dubitanter scribit Aristoteles, Rei Pub.
,VII. 5, 6. Minime dubius est Plato, qui, Leg. IV,
,civitatem a mari submovet stadiis octoginta, de-
,que situs mediterranei commoditatibus, maritimi-
,que damnis disserit; quam Platonis sententiam
,præ oculis Tullium habuisse vix dubito. Distat
,autem a mari Roma stadiis circiter cxx.

Pag. 16, versu 11.

Peloponesus fere tota in mari est.

Cicero ad Att. VI. 2 : « Peloponesias civitates
« omnes maritimas esse Dicæarchi tabulis credidi.
« Is multis quidem nominibus Græcos in eo repre-
« hendit, quòd mare tam secuti sunt. » En unde
Cicero disputationis hujus materiam sumpsit, teste
ipso ibidem : « Atque istum ego locum totidem
« verbis a Dicæarcho transtuli. » Negaverat autem
Atticus Arcadas mare contingere; quod secus tamen aliquando fuit, cùm Triphiliæ potiebantur
regionis maritimæ.

Pag. 20, versu 5.

Latrocinandi alteri,

Latrones intellige Etruscos; nam Pœnorum na-
vigationes supra dixit auctor. Quin adeo, voce
Pœnos etiam *Phœnicas* significari a Tullio arbitror. Etruscos seu Tyrrhenos diu piraticam exer-
cuisse docuerat in Hortensio Cicero, teste Servio
ad Æn. VIII. 479, qui locus ex Augustino inter

operis fragmenta translatus est. Eorumdem piraticam commemorat etiam Strabo, V. p. 354.

Pag. 22, versu 6.

Urbem perennis amnis .... posuit in ripâ.

De hoc Tullii loco loquitur Servius ad Georg.
II. 157 :

Fluminaque antiquos subterlabentia muros,

« quod laudat etiam Cicero in libris de Re Publicâ. »
De commoditate Tiberis portûsque ostiensis legatur Cassiodorius, Var. VII. 9. Contrarium facit Dionysius in editione meâ mediolanensi, XII. 21, dum
Veiorum situm eo nomine laudat, quòd is a flumine abesset; unde aura rigidior matutina vale-
tudini noxia ferri posset, οὔτε ποταμοῦ τινος πλησίον
ὄντος ψυχρᾶς ἕωθεν αὐτοῖς αὔρας. Sed etiam Aristoteles, Rei Pub. VII. 11, cupiditatem præ se fert ut
condendæ urbis situs maris æque ac terræ, si fieri
potest, commoditatibus fruatur.

Pag. 24, versu 7.

Posita urbs tenere potuisset.

Nunc primum deprehendimus ingens Livii pla-
gium, qui tullianam hanc urbani situs descriptionem tacite sibi quodammodo vindicavit in oratione
quam a Camillo dictam confinxit, lib. V. 54 : « Non
« sine causâ dii hominesque hunc urbi condendæ
« locum elegerunt, saluberrimos colles, flumen
« opportunum, quo ex mediterraneis locis fruges

« devehantur, quo maritimi commeatus accipian-
« tur : mare vicinum ad commoditates, nec expo-
« situm nimiâ propinquitate ad pericula classium
« externarum : regionum Italiæ medium, ad incre-
« mentum urbis natum unice locum. » Jamvero
quæ Cicero dicit de Romæ commodo situ ad retinendum summum imperium , eadem observat
Strabo, VI. p. 438, de ipsius Italiæ situ ad orbis
regimen apto.

Pag. 26, versu 1.

Inter Esquilinum Quirinalemque montem.

En aggeris uterque terminus. Videtur ergo falli
Nardinius, de Româ vetere, lib. I. 7, qui aggerem
ultra Esquilinum producit. Jam hoc uno orientali
latere Romam perviam dicit etiam Dionysius, IV.
54, cæteroqui tutam et imperviam.

Pag. 26, versu 2.

Maximo aggere objecto.

Nempe aggere Servii Tullii, cujus reliquiæ trac-
tusque adhuc visuntur ; quique olim in deliciis
fuisse videtur Horatio poetæ ad inambulandum,
Sat. I. VIII. 15. Opus Servio reapse regi tribuitur
a Livio, I. 44, et a Strabone, V. p. 358. Plinius
tamen, III. 5, Tarquinium Superbum facere videtur auctorem aggeris ; cujus auctoritati minime
adhærent antiquarii ; sartumque potius existimant
aut altius exaggeratum id munimentum a Tarquinio, quàm conditum. Mediæ huic sententiæ favet

Dionysius, IV. 54. Consule Antonii Nibbii tracta-
tum perutilem de mœnibus Urbis. Maximus autem
jure dicitur a Cicerone prædictus agger; ait enim
Dionysius, IX. 68, longum fuisse stadia septem,
crassum pedes quinquaginta. Muros præterea tur-
resque superpositas fuisse aggere docet Strabo
loco citato. Denique cis Tiberim nihil sublimius
esse Servii Tullii aggere demonstravit Johannes
Brocchus, nobilissimus physicus, propositâ urba-
narum altitudinum tabulâ, p. 211 nupero in opere
de Naturâ soli romanæ urbis.

Pag. 26, versu 2.

Fossâ cingeretur vastissimâ.

Latâ nimirum pedes plus centum, altâ triginta.
Dionys. IX. 68.

Pag. 26, versu 6.

Locumque delegit.

Situm urbis primitivum accurate docet Tacitus,
Annal. XII. 24. Sed hîc de universo adultæ urbis
solo loquitur Tullius.

Pag. 26, versu 7.

Fontibus abundantem.

Totaque nativo mœnia fonte sonant,

ait Rutilius in magnificâ illâ Romæ laudatione,
I. 104. Fontium romanorum salubritatem, cultumque iis adhibitum, commemorant Frontinus,

Aquæd. I, et Varro, de Ling. lat. V. 5. Fontes hi
fere fuerunt : *Muscosus apud templum Fortunæ*,
Plut. de Fort. rom. t. VII p. 279; *ad Janum gemi-
num* sive *Tarpeius*, Var. de Ling. lat. IV. 32, et
Ovid. Metam. XIV. 786; *Camœnarum* seu *Egeriæ*,
Symmach. ep. I. 21; Liv. I. 21; Plut. Num. XIII;
Mercurii, Ovid. Fast. V. 673; *Esquilinus*, Prop.
IV. VIII. 1; *Palatinus*, Prop. IV. x. 25; *Vatica-
nus*, Prudent. Hymn. in SS. Petrum et Paulum;
Silvani, Descript. reg. XIII; *Pici et Fauni*, reg.
XIII; *Lollianus*, reg. XII; *Scipionum*, reg. IX.
Fuit et *nympharum janiculensis* teste quâdam
inscriptione.

Pag. 26, versu 7.

In regione pestilenti salubrem.

De romano aere, qui semper gravis morbosus-
que habitus fuit, multi exstant tractatus, quos
inter excellit eruditionis copiâ Francisci Cancel-
larii liber, viri nostrâ ætate doctissimi. Et quidem
plerasque soli hujus pestilentias nihil aliud fere
fuisse quàm febres, verissime docuit vir arte me-
dicâ simul cæterâque doctrinâ valde conspicuus,
amicus meus, Josephus de Matthæis, in præclaro
commentario de Febre Romanorum deâ : cui nihil
profecto addiderim, nisi quòd Augustinus, Civ. Dei,
III. 12, ait febrem esse deam civem romanam. Fe-
bris dea romanum cæsarem Claudium, qui cùm
tot annos vixerat, in cœlum comitata est, fano suo
relicto, ut ludibundus ait Seneca in ᾿Αποκολοκυντώσει.

Pag. 26, versu 9.

Adferunt umbram vallibus.

Cicero tamen, in Rulliana, II. 35, paulo aliter de urbani soli commoditatibus et specie loquitur. Ad umbræ urbanæ salubritatem quod adtinet, legatur Tacitus, Annal. XV. 44.

Pag. 26, versu 11.

E suo nomine Romam jussit nominari.

Ergo alias opiniones sequitur Servius ad Æn. I. 277 :

. . . . Romanosque suo de nomine dicit;

sic adnotans : « Perite non ait Romam sed Roma-« nos; urbis enim illius verum nomen nemo vel « in sacris enunciat. » Nugari mihi videtur de *Romæ* et *Romuli* nominibus Paulus, voc. *Romam* et voc. *altellus;* quamquam Paulo partim favet Servius, Æn. I. 273. Denique huic Ciceronis loco contradicunt Servius et Philargyrius ad Ecl. I. 20: « Roma ante Romulum fuit, et ab eâ Romulus « nomen acquisivit. » Utinam vero superessent de Româ Suetonii libri duo, Alexandri polyhistoris quinque, Phlegontis saltem unus, quorum omnium meminit Suidas! Ii sane multo plura nos longeque utiliora docerent quàm ipsum Romæ nomen.

Pag. 26, versu 14.

Subagreste consilium.

Idcirco Virgilius, Æn. VIII. 635, dixit « raptas

« sine more Sabinas. » Facti iniquitatem castigat Augustinus, Civ. Dei, II. 17, III. 13.

Pag. 28, versu 2.

In Circo facere instituisset.

Cassiodorio, Var. III. 51, hunc fortasse Tullii locum spectanti primus videbatur Romulus Italiæ spectacula ostentavisse.

Pag. 28, versu 7.

Matronis ipsis, quæ raptæ erant, orantibus.

Ennii locus ex illius deperdito opere, quod *Sabinæ* inscribebatur, hic apud me est. « Ut Sabinis « Ennius dixit: cùm spolia generi detraxeritis, « quam inscriptionem dabitis? » quæ videntur Sabinarum orantium verba. Certe hæc particula titulum enniani operis Macrobio, Sat. VI. 5, (qui aliud citat fragmentum) cognitum, sed mox abs H. Columnâ (Ennii ed. Hessel. p. 188) temere abolitum, sine ullâ dubitatione confirmat.

Pag. 28, versu 9.

Sacris communicatis.

Quos deos Romanis constituerit Romulus, quos Tatius addiderit, narrat Augustinus, Civ. D. IV. 23.

Pag. 28, versu 10.

Cum illorum rege sociavit.

« Hâc tamen lege recepti in urbem Sabini sunt ,

« post Sabinarum raptum, et factum inter Romu-
« lum et T. Tatium fœdus, ut in omnibus essent
« cives romani, exceptâ suffragii latione : nam
« magistratus non creabant. » Servius ad Æn.VII.
709. Fides sit penes auctorem. Rem aliam men-
tione dignam Romæ in Tatii regno peragi cœptam
scribit Symmachus, ep. x. 35, nempe *strenarum
usum*, qui adhuc laudabiliter in urbe viget, ad
indigentis plebis semestre solatium.

Pag. 30, versu 2.

Appellati sunt propter caritatem patres.

In Ciceronis sententiam concedit Plutarchus in
Romulo XIII, postquam varias super hujus appel-
lationis origine sententias protulit. Contra Livius,
I. 8 : « Patres ab honore, patriciique progenies
« eorum appellati. »

Pag. 30, versu 3.

Tatii nomine et Lucumonis.

« Rhamnenses ab Romulo, ab Tito Tatio Ti-
« tienses appellati; Lucerum nominis et originis
« causa incerta est. » Ita Livius, I. 13. Rei memor
Horatius, Arte poet. 342, vigilanti verbo Romanos
designavit :

Celsi præterçunt austera poemata Rhamnes.

Sedenim Luceres a Lucumone appellatos sine dubitatione aiunt hîc Cicero; tum Varro, de Ling.

lat. IV. 9; Propertius, IV. 1. 29; Victor in Romulo; ne alios auctores frustra nominem. Festus tamen nomen trahit a Lucero, Ardeæ rege.

Pag. 30, versu 5.

Curiasque triginta descripserat.

Romulum in plerisque suis institutionibus usum fuisse calculo decimali, copiose docet Ovidius, Fast. III. 120, sqq.

Pag. 30, versu 6.

Curias earum nominibus nuncupavit.

Ita censet etiam Festus, voc. *curia*. Nam triginta fuisse feminas oratrices tradit Servius ad Æn. VIII. 638.

Pag. 30, versu 8.

Fuerant oratrices.

Sabinæ priore capite *orantes*, nunc *oratrices;* quæ duo vocabula fortasse synonyma sunt. Etsi autem plerique historici preces Sabinarum tumultuarias fuisse tradunt, tamen Appianus, de Reb. Ital. cap. v, legationem Sabinarum ad Tatium non secus ac Veturiæ ad Coriolanum videtur innuere. Ita fere loquitur etiam Dionysius, III. 1. Feminarum oratricium exemplum aliud suppeditat Pausanias, V. 16, nimirum apud Eleos publicâ auctoritate lectarum, quæ pacem inter populos dissidentes sanxerunt.

Pag. 50, versu 13.

Lycurgus paulo ante viderat.

Nempe ante annos circiter quadraginta, ut est apud Eusebium, Chron. lib. II; ubi tamen videsis quæ in editione mediolanensi ad Abrahami annum MCCXXI adnotantur.

Pag. 50, versu 17.

Hoc consilio et quasi senatu.

Cur *quasi senatu*? An quia nonnulli, ut est apud Servium ad Æn. I. 426, *senatus nomen* a Bruto cœpisse aiunt?

Pag. 32, versu 2.

Nihil ex prædâ domum suam reportaret.

Similem fere locutionem habes supra, lib. I. 14.

Pag. 32, versu 4.

Magnâ cum salute rei publicæ.

De lege Æliâ et Fufiâ a Clodio sublatâ cogitabat sine dubio Cicero hæc scribens. Multus autem honor auguriis tribuitur; nam et Scipio et Lælius et Scævola interlocutores, et ipse Cicero auctor operis, in augurum collegio fuerunt. De prioribus recole prosopographiam in præfatione, de postremo Plutarchum in Cicerone, cap. XXXVI. Curiosam apud Romanos auspiciorum observationem docent Plutarchus in Marcel. IV, V; Strabo, XVII.

p. 1168, Plinius, X. 21, aliique auctores. Omnes magistratus fieri auspicato jubet lex apud Cic. Leg. III. 3. Cæterum auguria valde irridet Plinius, XXVIII. 2, lusaque docet Dionysius, II. 6; neglecta denique Arnobius, II. p. 91.

Pag. 32, versu 5.

Auspiciis plurimum obsecutus est Romulus.

Sive animi superstitione, sive astu politico. Sic Lycurgus Lacedæmoniis non ante leges tulit, quàm eas fore utiles, delphico oraculo confirmatum est. Xenoph. Rei Pub. lac. cap. VIII; Plut. Lyc. XXIX; Dionys. II. 61.

Pag. 32, versu 7.

Urbem condidit auspicato.

Sic loquitur Cicero, etiam de Divin. I. 2.

Pag. 32, versu 10.

Singulos cooptavit augures.

Livius, X. 6 : « Inter augures constat, imparem « numerum debere esse, ut tres antiquæ tribus « suum quæque augurem habeant. » Falso autem dici videtur apud eumdem Livium, IV. 4, augures Romulo regnante nullos fuisse. Confer tamen Lydum, de Mag. rom. I. 45.

Pag. 32, versu 10.

Plebem in clientelas principum descriptam.

De clientelæ romanæ utilitatibus, caritate, et

jure legantur Dionysius, II. 10; Plutarchus, Romul. cap. xiii; Gellius, v. 13; namque hic locus in mutilis de Re Pub. membranis desideratur.

Pag. 32, versu 12,

Mulctæque dictione ovium et boum.

Haud sine causâ verborum ordinem servat Cicero. Quippe ait Plinius, XVIII. 3 : « Cautum est « ne bovem prius quàm ovem nominaret qui indi- « ceret mulctam. » Ibidem Plinius tullianum hunc locum illustrat : « Locupletes dicebant loci, hoc « est, agri plenos. Pecunia a pecore appellabatur. « Mulctatio quoque non nisi ovium boumque im- « pendio dicebatur. » Confer Ovidium, Fast. V. 281.

Pag. 34, versu 2.

Ex quo pecuniosi et locupletes vocabantur.

Locum hunc ex Tullio nominatim, sed libere, citat Hieronymus, Comm. ad Eccles. cap. v: «Tul- « lius pecuniosos primitus eos dictos refert, qui « plura habuissent pecuia, id est pecora; ita enim « antiquitus appellabant. » Verba vero Hieronymi exscribit Isidorus, Orig. X. 210.

Pag. 34, versu 4.

Non vi et suppliciis coercebat.

Aliter Plutarchus, Romul. xxvi, xxvii, qui Romulum extremo tempore tyrannum fastuque et ferocitate elatum describit; contradicente tamen Appiano apud Photium, Cod. lvii.

Pag. 34, versu 5.

Septem et triginta regnavisset annos.

Sic passim historici scribunt XXXVII, et ipse
Plutarchus in Numâ, cap. II; qui tamen in Romulo,
fin. scribit XXXVIII. Romulus ergo anno ætatis LV,
vel, ut ait Plut. LIV, obiit; siquidem is vulgo dicitur Romam simul regnumque suum occœpisse annos natus XVIII, quâ super re nullam esse historicorum dissensionem ait Dionysius, II. 56.

Pag. 34, versu 8.

Tantum est consecutus ut, etc.

Locum hunc in libris de Re Pub. legebat Augustinus, Civ. Dei, III. 15. Huc idem Augustinus
respicit etiam, XVIII. 24. Consonat sibi Tullius,
in Cat. III. 1 : « Illum, qui hanc urbem condidit,
« Romulum ad deos immortales benevolentiâ fa-
« mâque sustulimus. » Hanc fuisse complurium
deorum apud ethnicos originem sapienter observat
Augustinus, serm. CCLXXIII. 3, et Civ. D. II. 5,15;
tum Lactantius, de Irâ D. cap. XI, et Inst. I. 15
(ubi nominatim citat libros Tullii de Re Pub.) et
VII. 14.

Pag. 34, versu 8.

Cùm subito sole obscurato.

Solis hunc defectum legebat in libris de Re Pub.
Seneca, ep. CVIII.

Pag. 34, versu 12.

Hoc eo magis est in Romulo admirandum.

Locum citat Augustinus, Civ. Dei, XXII. 9, sine ullà varietate.

Pag. 36, versu 9.

Secundo anno olympiadis septimæ.

Solinus, cap. 11, vel alium Ciceronis locum legebat, vel ipse Solinus mendosus est aut memoriâ falsus. Ait enim: « Cincio Romam duodecimâ olym- « piade placet conditam; Pictori octavâ; Nepoti et « Lutatio, opinionem Eratosthenis et Apollodori « comprobantibus, olympiadis septimæ anno se- « cundo; Pomponio Attico et M. Tullio olympiadis « sextæ anno tertio. » Equidem opus chronologicum Tullii, quo potissimum consentiret cum Attico, videtur hoc ipsum de Re Pub. quo Romam conditam ait anno secundo olympiadis septimæ. Porro autem sicubi revera Cicero anno tertio olympiadis vi natam esse Romam dixerit, is haberet suffragatores Plutarch. in Rom. xii, Velleium, i. 8, et denique Eusebium, Chron. lib. II, qui refert Romam dici conditam anno tertio olympiadis vi in quorumdam Romanorum libris: quamquam ipse Eusebius annum urbis natalem statuit primum olympiadis septimæ, quod et Solinus, cap. 11, calculando colligit : eademque sententia est etiam Dionysii, I. 71, 74, 75. Verum apud eumdem Dionysium, I. 74, Polybius Romæ natales scribit secundo olympiadis septimæ anno, quam sententiam discipulus Polybii Scipio hoc in sermone sectatur. (Confer inferius, cap. xiv.) Idem colligebatur ex tabulâ H. E. annalibus Pontificum. Etenim apud Dionys. I. 74, ἀρχιερεῦσι, non Ἀγχισεῦσι, legendum esse docuit vir illust. et de litteris præclare meritus Niebuhrius, in disquisitione de anno urbis natali, usus vaticani codicis (imo licet tribus uti) lectione apud Hudsonum ἀγχιστεῦσι, ex quâ merito fecit ἀρχιερεῦσι.

Pag. 38, versu 1.

Ab eodem Lycurgo constitutam.

Hoc in errore versatus est Aristoteles, teste Plutarcho, Lycurg. cap. i, quo loco hæc controversia ventilatur. De Lycurgo autem juniore, qui primum agonem cum Iphito instituit, legatur Euseb. Chron. 1. 32.

Pag. 38, versu 1.

Homerum.... Lycurgi ætati triginta annis anteponunt.

Intelligit Apollodorum. Complures ac varias de Homeri ætate sententias veterum acervaverunt. Suidas, voc. Ὅμηρος, et Eusebius, Chron. II ad Abrahami annum cmxv. Apud Gellium, xvii. 21, Nepos Homerum vixisse dicit ante Romam conditam annis circiter centum et sexaginta; quo fit, ut is prorsus congruat cum Cicerone, siquidem olympiadis septimæ annus secundus Romæ natalis fuit. Namque ab Homero ad Lycurgum anni 30;

ab hoc ad primam olympiadem anni 108; ab olympiade primâ ad septimam dimidiam anni 26; ergo 164. Conferatur Cicero etiam, Tusc. I. 1. Item Heynius ad Apollodori fragmenta, pag. 1086.

Pag. 44, versu 3.

Proculo Julio.

Subornati Proculi fraudem passim narrant ethnici christianique scriptores; irrident autem Augustinus, Civ. Dei, III. 15, et Tertullianus, Apol. xxi. Tullianum hunc locum libere exhibet Lactantius, Inst. I. 15.

Pag. 44, versu 9.

Quirinalis vocatur.

Haud procul ædibus Attici, ut ait Cicero, Leg. I. 1. Revera templum Quirini et domum Attici proxime inter se collocat Rufus in sextâ regione.

Pag. 44, versu 14.

Sed adultum jam et pene puberem.

Contra Seneca in opere, quod videtur historicum, apud Lactantium, VII. 15, ait : « Populi ro« mani infantiam fuisse sub Romulo; pueritiam « sub cæteris regibus, etc. » Senecam hunc alii philosophum intelligunt, alii Annæum Florum. Lege Bünemannum ad Lactantium. Nuper in fragmento palatino vitæ M. Senecæ patris, curâ illustris Niebuhrii invento atque edito, is ipse pater

cognitus est historiarum auctor. Et sane nihil vetat quominus Lactantium de patre potius loqui
putemus quàm de filio, quandoquidem et is Senecam ambigue appellat, et nunc patrem fuisse historicum scimus. Roborat hanc opinionem, quòd
historia Senecæ, tam apud Lactantium quàm in
fragmento palatino, memoriam complectitur bel-
lorum civilium.

Pag. 46, versu 5.

A vitâ hominum abhorrentem et a moribus.

Plato rem publicam suam, tamquam picturam,
sibi ad oculorum veluti oblectationem confinxit.
Athen. XI. 15. Pergit ibidem Athenæus dicere Platonis rem publicam et leges vel eo maxime nomine
parum videri laudabiles, quòd iis nulla gens apud
se locum concesserit. Sic de platonicâ re publicâ
loquitur etiam Polybius, VI. 47. Plotinus rem publicam Platonis in Campaniâ instituere frustra me-
ditatus est, ut narrat in ejus vitâ Porphyrius.

Pag. 46, versu 14.

Casu aut necessitate facta sunt.

Recole dicta, cap. III. Cicero enim ibi dixit situm urbis sapienter a Romulo sponteque electum; .
haud equidem veritatem secutus, sed ne omitteret
occasionem tradendi præcepta politica de situ urbi
novæ captando. Quare et hanc objectionem auctor
irrefutatam, tamquam foveam, prætergreditur;
astu scilicet oratorio, ne malam causam tuendo
faciat pejorem.

Pag. 48, versu 1.

Quasi perfectam rem publicam.

Ita sine ullo verbo. De re confer Ciceronem, de
Or. I. 9, et Tusc. IV. 1.

Pag. 48, versu 8.

Populus id non tulit.

Confer Dionys. II. 57; Liv. I. 17; Serv. Æn.
VI. 809.

Pag. 50, versu 5.

Interregni ineundi rationem excogitaverunt.

Interrex mansit etiam in liberâ re publicâ usque
ad Pompeii consulatum sine collegâ, anno urbis
DCCII.

Pag. 50, versu 5.

Sapientiam regalem, non progeniem, quæri.

Sic de Romanis apud Livium, IV. 3, loquitur
Canuleius tribunus, et sic Rutilius in Itiner. I. 14.

Pag. 50, versu 7.

Præstantem Numam Pompilium.

Si Servium audias ad Æn. VI. 809, proprium
nomen fuit *Pompilius*, cui postea accessit agnomen *Numa*, ἀπὸ τῶν νόμων, ab inventione et constitutione legum. De virtute Numæ satis hîc Tullius; ad sapientiam quod attinet, Tullius idem,
Or. III. 51, eum vocat *doctissimum*.

Pag. 50, versu 9.

Patribus auctoribus.

Quid sit « patres auctores fieri » perspicue docet Livius, I. 17.

Pag. 50, versu 11.

Romam Curibus accivit.

Præter Numæ virtutem, illæ quoque causæ eum ad regnum vocaverunt, quòd Sabinis, jam inde ab Tatio Romæ incolis, sabinus rex erat concedendus; quòdque Numa Tatii filiam habebat in matrimonio. Plut. Num. II. Quin progenie formâque regia erat. Dionys. II. 58. Anno ætatis XL regnum adiit, natus scilicet cum ipsâ Româ. Dionys. ibidem; Dio, Fragm. XX ; Plut. Num. III.

Pag. 52, versu 1.

Divisit viritim civibus.

Nimirum egenis illis et novitiis, qui nihil a Romulo acceperant. Dionys. II. 62.

Pag. 52, versu 6.

Perceptioque frugum defenditur.

Hâc de causâ Numa *Termino* et *Fidei* fana et sacra constituit. Plutarch. Num. XVI; Dionys. II. 74, 75. Fides in Capitolio vicina Jovis erat. Cic. Off. III. 29.

Pag. 52, versu 7.

Auspiciis majoribus inventis.

Puta ad fulminum curationem ; quâ super re
vide Plutarchum, Num. xv ; Livium, I. 20. Tum
morem romanum dandi operam ut priora auguria
posterioribus confirmarentur attingit Servius ad
Æn. II. 691.

Pag. 52, versu 9.

Duo augures addidit.

Quinque nimirum evaserunt augures, servato
numero impari. Recole cap. ix.

Pag. 52, versu 9.

Sacris.... pontifices quinque præfecit.

Si Livium consulas, X. 6, quatuor tantum fuisse
videbuntur veteres illi Numæ pontifices ; quorum
numerus duplicatus est Valerio et Apuleio coss.
assumptis de plebe totidem. Sylla demum pontificum augurumque collegium ampliavit, ut essent
quindecim. Liv. epit. LXXXIX. Lydus, I. 45,
quatuor scribit pontifices a plebe creatos.

Pag. 52, versu 11.

Propositis legibus his quas in monumentis habemus.

Numæ leges commemorantur infra, lib. V ; in-
super a Gellio, iv. 3 ; Servio ad Æn. VI. 860 ; Festo,
voc. *pellices*, Aur. Vict. in Numâ ; Augustino, Civ.

Dei, II. 16. Eæ leges fuerunt in jure civili papi-
riano. Dig. I. 11. 2.

Pag. 52, versu 14.

Flamines, salios.

Flamines tres, dialem, martialem, et quirinalem, Augustinus, Civ. D. II. 15. Salios Martis
sacerdotes duodecim, Aur. Vict. in Numâ. Quin
salias quoque virgines commemorat Festus; saliare
autem Numæ carmen Horatius, Epist. II. 1. 86.

Pag. 52, versu 14.

Virginesque vestales.

Opinionem eorum, qui Vestæ cultum a Romulo
repetebant, studiose refutat Dionysius, II. 65. In
eâ scilicet videtur fuisse Varro, a quo, de Ling.
lat. IV. 7, Tarpeia illa proditrix virgo dicitur ves-
talis. Quatuor autem fuisse institutas a Numâ vestales, quibus postea duæ accesserint, nempe a
Prisco rege, ait idem Dionysius, II. 67, et III. 67.

Pag. 52, versu 16.

Sacrorum. . . . diligentiam difficilem.

Tertullianus, Apol. cap. XXI : « Numa Romanos
« operossimis superstitionibus oneravit. »

Pag. 54, versu 1.

Sumptum removit.

Cic. Leg. II. 8, ex duodecim tabulis : « Ad divos

« adeunto caste, pietatem adhibento; opes amo-
« vento; » quam doctrinam pergit idem Cicero
sapienter explicare, cap. x et xvi. Rei meminit,
etiam Parad. 1. 3. Adi præterea Tertullianum,
Apol. cap. xxv. Unam excipit Cicero stipem ad
Matris magnæ cultum; verum Dionysius, II. 19,
observat hanc ipsam non a civibus sed a Phrygibus
colligi Romæ solitam. Cur autem ea stips quæreretur, docet Ovidius, Fast. IV. 350. Quia tamen
sine sumptu sacra curari nequeunt, Romulus ante
Numam ex ærario publico pecuniam ad id conferri
jusserat, ut ait Dionysius, II. 23. Numæ posthumia lex erat : « Vino rogum ne respergito; »
Plin. XIV. 12, id quod ab eo statutum propter
parcimoniam est. Cur autem lex Numæ dicitur
posthumia ? Etsi eruditi in alias abeunt sententias,
mihi hæc lex videtur fuisse sumptuaria, in Pos-
thumii illius consulatu renovata, sub quo etiam
epicurei voluptatis magistri Roma pulsi fuerunt ;
teste Athenæo, XII. 12, et Suidâ, voc. Ἐπίκουρος;
nec non bacchanaliorum scelera severissime vin-
dicata, ut ait Firmicus, de Err. prof. relig. ed.
Lugd.-Bat. 1672. p. 16. Plato quoque superbum
sacrorum luxum reprehendit in Alcibiade, II. Tum
et Plutarchus, Lycurg. cap. xix, et Apoph. reg.
initio observat, sacra minimi sumptûs a Lycurgo
Spartæ fuisse instituta. In eamdem sententiam loquitur Persius, II. 69; et Lactantius, II. 4, VI.
25. Nihilominus plerique populi, duce veluti et
magistrâ meliore naturâ, deos suos sacris magni-
ficis honorare semper consueverunt.

Pag. 54, versu 2.

Idemque mercatus.

Nundinarum auctorem, non Numam, sed alii Romulum, alii Servium Tullium faciant apud Macrobium, Sat. I. 16. Apud Servium ad Geor. I. 275 : « Varro dicit antiquos nundinas feriatis « diebus agere instituisse, quò facilius commercii « causâ ad urbem rustici commearent. »

Pag. 54, versu 6.

Cùm undequadraginta annos..... regnavisset.

Dionysius, I. 75, et II. 76; Livius, I. 21 ; Solinus, cap. 11 ; Eutropius, I. 2 ; Rufus, cap. 11, regnantis Numæ annos scribunt tres supra quadraginta. Verum Eusebius et Cassiodorius in chronicis et historiâ miscellâ duos detrahunt, Polybius autem quatuor; cujus postremæ sententiæ, annorum nempe XXXIX, meminit Augustinus, Civ. D. III. 9, Ciceronis locum, ut puto, respiciens.

Pag. 54, versu 15.

Numam.... certe pythagoreum fuisse.

Quare Manilius Æmilianum de Pythagorâ rogitat? Idcirco fortasse, quia nonnulli existimabant (Plut. Num. VIII, et Fest. voc. *Æmiliam*), gentem æmiliam a Mamerco, cognomine Æmilio, Pythagoræ filio, genus ducere.

Pag. 55, versu 6.

Imperite absurdeque fictum.

Fabulam non hîc solum, verum etiam de Or.
II. 37; Tusc. I. 16, IV. 1, refutat Cicero, et præterea Dionysius, II. 59; Livius, I. 18; et XL. 29;
Plutarchus, Num. 1; Gellius, XVII. 21. Erroris
fontes fuerunt, 1° quia Numa suscepit imperium
olympiade quâ vicit Pythagoras laco : cùm autem
olympionicæ in Græciâ essent eponymi, uti romæ
consules, cùmque nomen congrueret; famosior
philosophus olympionicæ ætatem occupavit. Quid
quòd samius quoque Pythagoras quidam inter ce-
lebriores olympionicas ponitur apud Eusebium
olympiade XLVIII ? 2° Quia Pythagoras Italiam,
ubi regnavit Numa, incoluit. 3° Quia Pythagoræ
Numæque leges atque sapientia inter se conspirare
visæ sunt. (Quamquam ne plus æquo Pythagoram
admiremur, docet nos Augustinus, Retract. I. 3,
pythagoricæ doctrinæ plures fuisse eosdemque
capitales errores.)

Pag. 60, versu 3.

Ubi primum exstitissent.

Sic omnino loquitur Cicero, etiam Tusc. I. 1.
Confer præterea quæ dicit Augustinus, Civ. D. II.
16, de legibus Solonis quas Romani meliores
emendatioresque fecerunt.

Pag. 60, versu 7.

Tullum Hostilium.

Cur Tullus sit rex creatus, causam silet Cicero aliique vulgo auctores, seu veteres, seu recentiores. Sed tamen egregia Dionysii varia lectio Tullum, ni fallor, declarat Romuli nepotem, natum scilicet e filiâ Hersiliæ (quæ quidem Hersilia Romuli uxor existimatur fuisse).Nimirum apud Dionys. III. 1, ubi vulgatus textus matrem Tulli dicit *Hersilii filiam*, vel ut quædam exemplaria *Servilii*, prisci interpretes Lapus atque Gelenius legebant *Hersiliæ filiam*, eamque diserte lectionem tuetur in notis Portus, citato alio Dionysii loco, I. 45, ubi Hersilia venisse Romam cum filiâ dicitur. Si ergo Hersilia fuit Romuli uxor, utique hujus filia Romuli saltem privigna fuit, si ea forte ante nuptias matris cum Romulo nata erat: ergo Tullus ex hâc natus, Romuli nepos appellandus est. Pater autem Tulli Hostilius fuit, avus paternus ille Hostus a Romulo coronâ donatus, ut ait Plin. XVI. 4. En itaque quo jure Tullus romanum sceptrum adeptus est. Profecto, etsi romani reges suffragiis legebantur, nihilominus plerumque rationem cognationis in iis creandis habitam esse videmus (præterquam in Prisco Tarquinio, qui parvulis Anci liberis regnum præripuit). Numa quidem maritus Tatiæ ex rege Tatio genitæ: Tullus, ut dixi, Romuli nepos: Ancus natus e Numæ filiâ: Servius Prisci gener: denique Superbus soceri Servii regnum invasit.

II. 11

Pag. 62, versu 1.

Feciali religione.

Consentit Livius, I. 24. Verum Servius, ad Æn.
X. 14, jus feciale institutum Romæ ab Anco Mar-
cio dicit, qui id a gente æquiculanâ arcessiverat.
Confer eumdem Servium, etiam Æn. VII. 695.
Cum Servio Aurelius Victor, cap. v, conspirat.
Dionysius, autem II. 72, collegi fecialium insti-
tutionem repetit a Numâ.

Pag. 62, versu 9.

Sibi duodecim lictores cum fascibus anteire liceret.... .

Macrobius, Sat. I. 6 : « Tullus Hostilius, de-
« bellatis Etruscis, sellam curulem lictoresque et
« togam pictam atque prætextam, quæ insignia
« magistratuum etruscorum erant, primus ut
« Romæ haberentur instituit. » Confer Plinium,
VIII. 48, IX. 39, et Diodorum, V. 40. Sed Dionysius, III. 61, 62, lictores cum fascibus primum
præisse Tarquinio Prisco scribit de senatûs popu-
lique, quem rex consuluerat, sententiâ : quamquam eum morem antiquiorem, et quidem ab ipso
Romulo usurpatum, a quibusdam (quos inter est
Livius. I. 8) credi fatetur Dionysius. Cætera, quæ
in lacunâ perierunt, de iis imperii ornatibus facile
sarcit Dionysius loco prædicto. Atque oppido pauca
brevi hoc in hiatu amisimus, præsertim si in eum
incidunt verba ab Augustino servata. Hoc igitur
spatio nihil fere dicere auctor potuit, nisi Tulli

(regis insignia ejusque interitum : quibus peroratis,
alius nescio quis (num Lælius ? confer finem capitis
xi) interloquitur, Scipionis sermoni plaudens , ut
in proximo folio videre est.

Pag. 64, versu 2.

Post eum.

Sine dubio loquitur rursum Scipio.

Pag. 64, versu 2.

Numæ Pompilii nepos ex filiâ.

Numæ filia , quæ peperit Ancum regem , memoratur a Plutarcho, in Numâ cap. xxi ; a Dionysio,
II. 76 , III , 35 ; a Livio , I. 32 , et abs Hieronymo,
in Chron. Anci origini sabinæ favet apud Probum,
ed. Gotof. p. 1398. Varro qui *Ancum* prænomen
a Sabinis translatum putat. Hunc autem Ciceronis
locum legebat Seneca , ep. cviii.

Pag. 64, versu 7.

Aventinum et Cœlium montem adjunxit urbi.

De Aventino consentiunt Dionysius , III. 43 et
Livius, I. 33. Victor autem et Eutropius non solum
Aventinum , verum etiam Janiculum urbi adjectum ab Anco aiunt. Sedenim Cœlium Dionysius ,
III. 1 et Eutropius, a Tullo adjunctum narrant,
quod apparet etiam ex Livio , I. 33. Unus Strabo,
lib. V. p. 358, Cœlium ab Anco adjectum dixerat,
uti nunc demum confirmat Cicero. Cæterum in his
grandis est dubitatio , siquidem nonnulli apud

Servium, Æn. VI. 784, septem colles ab ipso Romulo inclusos muro dictitant; quod tamen est
incredibile et absurdum : quamquam gravissimus
auctor Varro apud eumdem Servium, Æn. VII.
657, Aventinum certe traditum Sabinis a Romulo
susceptis ait.

Pag. 64, versu 8.

Et silvas maritimas omnes publicavit.

Victor, de Anco : « Silvas ad usum navium
publicavit. » Quod autem Cicero ait *maritimas*,
id probat, silvam Mæsiam, de quâ Livius, I. 33,
non fuisse in mediterraneis, ut Cluverius putavit,
sed propius mare circa ostia Tiberis, ut rectius
in annotationibus geographicis affirmavit Hols-
tenius.

Pag. 64, versu 10.

Colonisque firmavit.

Ostiam scilicet, quæ fuit instar navalis Romanorum, ut ait Dionysius, III. 43; quale nonnullas
mediterraneas Græciæ urbes percommodum habuisse observat Aristoteles, Rei Pub. VII. 6. Fossis
etiam circumdatam ab Anco Ostiam ait Festus,
voc. *Quiritium.*

Pag. 64, versu 11.

Tres et viginti regnavisset annos.

Ciceronis sententiam, qui Ancum regnavisse
dicit annos tres et viginti, confirmat Eusebius,

Chron. lib. II, cum Samuele aniensi , Chron. lib.
I. 6. Jam quod idem Eusebius , Chron. I. 46 ,
scribit annos xxxiii , id mendum codicis armenii
est , a quo decussim merito demas. Dionysius autem , I. 75 , III. 45 ; Livius , I. 35, atque Eutropius
annos scribunt xxiv.

Pag. 64, versu 12.

Laudandus etiam iste rex.

Apud Paulum , voc. *Sos* , Ennius sic : « Post-
« quam lumina sis oculis bonus Ancus reliquit. »
Laudatur etiam a Livio , I. 35.

Pag. 66, versu 2.

Ignoramus patrem.

Hæc in libris de Re Pub. legebat Seneca , ep.
cviii.

Pag. 68, versu 3.

Audiret dominationem Cypseli confirmari.

Tyrannidem quippe Cypselum annis xxx te-
nuisse docet Aristoteles , Rei. Pub. V. 12; annis
autem xxviii Eusebius Chron. lib. II.

Pag. 68, versu 10.

.... facile in civitatem receptus esset.

Hoc loco Ciceronis quidem verba amisimus,
haud tamen Tarquinii historiam , quam abunde
supplent Dionysius , III. 46-48 et Livius , I. 34 ;

nempe quòd Demarati uterque filius Aruns et Lu-
cumo uxores duxerint nobiles feminas tarqui-
nienses; quodque pater itemque major natu filius
obierint, totumque patrimonium ad minorum natu
Lucumonem devenerit; qui cùm ab indigenis nullo
satis digno pro tantis opibus honore afficeretur,
Tanaquillâ uxore hortante, Romam cum ingenti
comitatu grandique re bonâ commigravit non sine
auspice regni aquilâ : quæ Tarquino apicem impo-
suit; quod cæteroqui prodigium irridet Cicero ,
Leg. I. 1 , et indignum historiâ existimat. Tana-
quillam seu Caiam Cæciliam utrum laudaverit Cicero, incertum est; quæ certe optimæ uxoris apud
Romanos exemplum habita fuit. Lege Probum, de
Nom. imp. ed. Gotof. p. 1400; nec non Hieronymum, cont. Jovin. 1. 49, a quo Tanaquilla dicitur notior marito suo.

Pag. 70, versu 6.

A se adscitos minorum.

Hîc quoque magna controversia est; nam Tacitus, Annal. XI. 25, familias majorum gentium
a Romulo, minorum a Bruto appellatas existimat.
P. Victor, Region. II minorum gentium institutionem conferre videtur in Tullum Hostilium;
Servius ad Æn. I. 426 in Servium Tullium. Sed
cum Cicerone satis consentiunt Dionysius, III. 67;
Livius, I. 35; Aur. Victor denique cap. VI, qui
hunc Ciceronis locum presse imitatur.

Pag. 72, versu 2.

Atque etiam Corinthios video, etc.

Apte mentionem Corinthi in Tarquinii institutionibus facit Cicero; indidem quippe fuit Tarquinii pater, unde et instituta deportavisse credendus est. Non est autem cur miremur Corinthiorum in orphanos viduasque duritiam; nam et Dionysium siculum narrat pseudo-Aristoteles, Œcon. II, ed. Casaub. p. 286, reditus orphanorum, donec tutelâ exissent, sibi vindicavisse; et Livius, I. 43, lege Servii Tullii ait ad equos alendos viduas fuisse attributas, quæ bina millia æris in annos singulos penderent. Sedenim orphanorum viduarumque tributum clementior Publicola remisit. Plut. in ejus vitâ, cap. XII.

Pag. 72, versu 6.

Numerumque duplicavit.

Victor, cap. VI : « Equitum centurias numero « duplicavit, nomina mutare non potuit. »

Pag. 74, versu 5.

Ludos maximos, qui romani dicti sunt.

De his Tarquinii ludis Livius, I. 35 : « Solemnes « deinde annui mansêre ludi, romani magnique « varie appellati. » Hi fiebant mense septembri, teste amiternino kalendario apud Fogginium.

Pag. 76, versu 2.

Ex quodam regis cliente conceptus.

Opiniones de Servii patre varias perpendunt Dionysius, IV. 1, 2, et Livius, I. 39. Lege etiam Festum, voc. *nothum*, Arnobium, V. p. 169. Diem Servii natalem, idus nempe augusti, prodit Festus, voc. *servorum dies*, et Plutarchus, Quæst. rom. t. VII. p. 157. Verum Macrobius, Sat. I. 13, ait Servium natum nonis, incerto mense. Val. Max. lib. X, sic argutatur : « *Servius*, qui mortuâ matre « in utero *servatus* est, *Tullius* prænominatus est « ominis gratiâ, quasi *tollendus*, o litterâ in *u* « conversâ. »

Pag. 76, versu 7.

Admodum parvos tum haberet liberos.

Imo vero Dionysius, III. 65, masculini sexûs liberos Tarquinio non fuisse ait; qui tamen sibi contradiceret, IV. 1, ubi Tarquinium decessisse ait relictis duobus infantibus, υἱοῖς, (quæ lectio confirmatur a vaticanis codicibus) nisi ipse veram suam lectionem esse υἱωνούς, *nepotes*, ostenderet, IV. 4, 6, 7, sqq. ubi contra Fabium aliosque historicos disputat, qui omnes (Pisone excepto) filios masculos Tarquinio Prisco concesserant; quibus cum historicis conspirat Cicero, nec non Livius, I. 46, et Strabo, V. p. 336. Quamquam horum omnium auctoritas haud satis infirmat rationes, quas Dionysius pro suâ sententiâ protulit.

Pag. 76, versu 11.

Ad consuetudinem Græcorum erudiit.

Confer Livium, I. 39. Adolescentis Servii Tullii strategema narrat Frontinus, II. 8.

Pag. 78, versu 6.

Non commisit se patribus.

Patres infensos Servio fuisse, cùm aliunde tum etiam ex Paulo liquet : « Patricius vicus Romæ « dictus eo quòd ibi patricii habitaverunt, jubente « Servio Tullio, ut si quid molirentur adversus « ipsum, ex locis superioribus opprimerentur. »

Pag. 78, versu 8.

Legem de imperio suo curiatam tulit.

Copiose scribuntur hæc a Dionysio, IV. 8, 40. Sed contra omnino Livius, I. 41 : « Servius pri- « mus injussu populi, voluntate patrum regnavit. » Idem tamen Livius, I. 46, narrat Servium postquam usu haud dubium possederat regnum, et plebem agro donato illexerat, tulisse demum ad populum, vellent juberentne se regnare? omniumque consensu regem esse declaratum.

Pag. 78, versu 10.

Ex quo cum ma.....

Ex Dionysio, IV. 27, supplendum videtur : « Ex « quo cùm magnam agri partem Cæretanis, Tar- « quiniensibus, Veientibusque ademptam nactus

« esset, eam inter cives novissime adscriptos di-
« visit. » Namque ipsum bellum etruscum, etsi
Dionysius in extremos, Livius tamen, I. 42, in
primos Servii annos confert. Imo vero Victor ait
Etruscos sæpe ab eo fuisse domitos. Agri cæteroqui publici inter cives divisi a Servio regnum
adeunte meminit ipse Dionysius, IV. 13. Reliqua
pars lacunæ occupatur initio describendi censûs
ordinumque civilium.

Pag. 78, versu 16.

Senioresque a junioribus divisit.

Juniores appellavit Servius ab anno XVII usque
ad XLVI; supraque eum annum *seniores*, ut ait
Tubero, apud Gellium, x. 28.

Pag. 78, versu 18.

Sed in locupletium potestate essent.

Rationem rei reddit Paulus apud Gellium, XVI.
10 : « Quoniam res pecuniaque familiaris obsidis
« vicem pignorisque esse apud rem publicam vi-
« detur. » Quin adeo gravius obærati rem publicam gerere lege vetabantur, quia nimirum, ut ait
ambrosianus interpres, prolegom. ad orationem de
ære alieno Milonis : « Magno ære alieno de fœne-
« rati præde videbantur habituri esse rem publi-
« cam. » Confer Cic. Philip. II. 2, et Suidam, voc.
εὐθαξις.

Pag. 78, versu 19.

Ne plurimum valeant plurimi.

Locum hunc præ oculis habuisse videtur Ampelius, cap. penult. ubi ait curatum a Servio rege,
« Ut optimus et locupletissimus quisque in suffra-
« giis, id est in populo romano, plurimum valeret.»
Id autem sequebatur e prædictâ classium descriptione, quoniam prima classis majorem numerum
centuriarum habebat, quàm reliquæ omnes simul.
Valebant autem non singulorum sed centuriarum
suffragia in comitiis; et quidem primæ classis centuriæ priore loco suffragia cùm ferrent, rem per se
ipsæ sæpe ante definiebant, quàm ad cæteras de-
veniretur. Belle autem docet Dionysius, IV. 20, 21,
hoc pacto comitia romana e democraticis facta esse
aristocratica.

Pag. 80, versu 2.

Ut equitum centuriæ cum sex suffragiis.

Festus, voc. *sex*, ait : « Sex suffragia appellan-
« tur in equitum centuriis, quæ sunt adjectæ ei nu-
« mero centuriarum quas Priscus Tarquinius rex
« constituit. »

Pag. 80, versu 9.

Sex et nonaginta centuriarum.

Quo pacto 96? Videtur Cicero dare secundæ
classi centurias 20; tertiæ rursus 20; quartæ item
20; quintæ 30; quarum summa 90 : quibus addit

6, nempe accensorum, velatorum, liticinum, cornicinum, proletariorum, et ni quis scivit; de quâ postremâ locum Festi mox proferemus. Apud Dionysium, lib. IV. 16-18, sic :

II. classis	cent.	20
fabrum	cent.	2
III. classis	cent.	20
IV. classis	cent.	20
tubicinum et		
cornicinum	cent.	2
V. classis	cent.	30
VI. classis	cent.	1
		95
I. classis	cent.	80
equitum	cent.	18
		193

Igitur quinque priorum classium centuriæ fuerunt 192, quarum dimidia pars 96 : quam ob rem ad obtinenda comitia opus erat centuriis 97. Itaque si prima classis centuriarum 98 conspirasset, res erat confecta : alioqui oportebat sequentibus classibus tantum sumere donec centuriæ 97 conspirarent. Quod si forte utrinque par numerus, nempe 96 consisterent ; addebatur alterutri parti classis ultima sive sexta, quæ lancem inclinabat.

Pag. 80, versu 9.

Neque excluderetur suffragiis.

Ciceronis locutionem imitatur Livius, I. 43, de

hâc ipsâ re loquens : « Neque exclusus quisquam
« suffragio videretur. »

Pag. 80, versu 13.

Assiduos appellasset ab ære dando.

Confer Cic. Top. II ; Gell. xvi. 10, xix. 8 ; Plaut.
Amph. I. 1. 14.

Pag. 82, versu 3.

Proletarios nominavit ; ut ex iis quasi proles.

Accuratius Paulus, apud Gell. xvi. 10 : « Qui in
« plebe romanâ non amplius quàm mille quin-
« gentum æris in censum deferebant, proletarii
« appellati sunt : qui nullo, aut perquam parvo
« ære censebantur, capite censi vocabantur. Pro-
« letariorum ordo honestior aliquanto et re et no-
« mine quàm capite censorum fuit. »

Pag. 82, versu 8.

Nec prohibebatur quisquam jure suffragii.

Nolo hîc prætermittere Festi verba : « Ni quis
« scivit, centuria est a Servio Tullio rege consti-
« tuta, in quâ liceret ei suffragium ferre qui non
« tulisset in suâ, ne quis civis suffragii jure pri-
« varetur. »

Pag. 82, versu 9.

In suffragio plurimum, cujus plurimum intererat.

Sic Flaminius, dum rem Thessalorum publicam

constitueret (Liv. XXXIV. 51), « a censu maximo
« male in edd. *maxime*) et senatum et judices legit; »
additque alia ibidem Livius, quæ cum hujus tulliani
loci sententiâ consentiunt; uti etiam Aristoteles,
Rei Pub. IV. 12.

Pag. 82, versu 12.

Cornicinibus, proletariis. . . . .

In lacunâ periit reliqua censûs descriptio : tum
aliæ fortasse res a Servio gestæ, et apud historicos celebratæ; nempe quod urbis mœnia pomœ-
riumque protulerit, aggerem fossamque fecerit,
Quirinalem, Viminalem et Esquilinum incluserit,
Dianæ ædem celebrem in Aventino struxerit (ædem
item Fortunæ, Liv. X. 46), æs primus romanorum
regum signaverit, mensuras et pondera constituerit. Quibus narratis videtur Cicero instituisse com-
parationem romanæ rei publicæ cum lacedæmoniâ
et cum carthaginiensi.

Pag. 84, versu 1.

. . . . *quinque et* sexaginta annis antiquior.

Quoniam hîc sine dubio comparatur Carthaginis
ætas cum Romæ ætate, diciturque Carthago antiquior quàm Roma, ausus sum addere *quinque* ad
sexaginta. Cùm enim supra Cicero dixerit Romam
conditam anno secundo olympiadis septimæ, id est
anno sexto et vigesimo post cœptas olympiadas;
hîc autem dicat Carthaginem conditam anno nono
et trigesimo ante primam olympiadem; sequitur ut
Carthago quinque et sexaginta annis sit Româ an-

tiquior. Utor autem locuplete sententiæ auctore Velleio, 1. 6 : « Ante annos quinque et sexaginta « quàm urbs romana conderetur, ab Elissâ tyriâ, « quam quidam Didonem autumant, Carthago « conditur. » (Orosius, IV. 6, scribit LXXII pro LXV. Servius, Æn. I. 12, dicit. LXX.) Neque fere nisi paucis forte annis ab hâc sententiâ recedunt scriptores prisci qui Carthaginis seu nascentis, seu exstinctæ tempora notaverunt. Lege Appianum, Pun. CXXXII; Velleium, 1. 12; Hieronymum, Chron. lib. II; Eutropium, IV. 5; Orosium, IV. 6, 23; Suidam, voc. Ἀφρικανός et Καρχηδών. Horum sententiæ eo fere recidunt ut Carthago annos prope septingentos vixerit. Cicero, pro Flac. XXVI, observat suâ ætate Lacedæmonios quoque septingentesimo jam amplius anno iisdem legibus vivere.

Pag. 84, versu 16.

Quòd erat XXXIX ante primam olympiadem.

Apud Dionysium, I. 74, Timæus Romam conditam dicit eodem tempore quo Carthago, nempe anno, ut ipse putat, XXXVIII ante primam olympiadem, ὀγδόῳ καὶ τριακοστῷ πρότερον ἔτει τῆς πρώτης ὀλυμπιάδος. Id vero notare non fuit inutile; propterea quòd Cicero scribit XXXIX, et aliter sentit de duarum urbium ætate.

Pag. 84, versu 5.

Lycurgus eadem vidit fere.

Comparat Cicero romana instituta cum laconi-

cis. Vix autem dubito quin quidquid hâc super re
scripsit Cicero, id fere e Polybio, VI. 43, seqq.
hauserit, qui romanam rem publicam accurate
prolixeque cum laconicâ et cum punicâ confert.
Athenæus quoque, VI. 21, ait Romanos a Lacedæmoniis mutuatos esse politicam disciplinam,
quam et his ipsis melius retinuerint. Instituta laconica fuisse admixta romanæ rei publicæ observat
Plutarchus in Numâ, cap. 11, itemque Dionysius,
II. 23. Fuit Numa sabinus, Sabini autem Laconum
colonia, et quidem Lycurgi tempore deducta ut
ait Dionysius, II. 49.

Pag. 84, versu 6.

Commune nobis cum illis populis fuisse.

Spartæ statum civilem rege gemino, delectis
proceribus, et potestate populari fuisse mixtum,
nemo ignorat. Ad Pœnos quod adtinet, Cato, apud
Servium, Æn. IV. 682, ait : « de tribus partibus
« politiæ, populi, optimatum, regiæ potestatis,
« ordinatam fuisse Carthaginem. » Ad confirman-
dam romanæ rei publicæ et carthaginiensis similitudinem valet etiam quòd Aristoteles, Rei Pub. II.
11, laconica instituta cum punicis conspirare ait:
cùm autem constet romana laconicis sæpe fuisse
similia, sequitur ut æque fere ad punica accesserint.

Pag. 84, versu 20.

Non regnum et esse et vocari.

Stobæus tamen, Serm. XLI, p. 267, docet laco-

nicam quoque rem publicam satis fuisse tempera-
tam : regibus enim erant oppositi ephori; his senatores; medii autem erant illi, qui hippagretæ et
cori dicebantur, quique in quamlibet partem imperium vergeret, ad contrariam sese adjungebant.

Pag. 86, versu 12.

Sed ut nullo. . . . .

Utrum ad superiorem an ad præsentem pertineat
lacunam Servii cædes, haud liquido constat : malim
tamen id facinus in præsente collocare, quoniam
huc usque sermo fuit de civitatum institutis varia-
que politia; quod argumentum apte connectitur
cum Servii prædicto censu et descriptione civili.
In hâc ergo breviore lacunâ transitum romanæ civitatis narravit Cicero a justo rege ad Tarquinium
tyrannum.

Pag. 88, versu 6.

Cujus naturalem motum atque circuitum.

Naturalem quamdam esse rerum publicarum
conversionem atque periodum contendit Plato,
Rei Pub. VIII, p. 546, a quo se hanc sententiam
mutuari fatetur Tullius, de Divin. II. 2 : « A Pla-
« tone philosophiâque didiceram naturales esse
« quasdam conversiones rerum publicarum, ut eæ
« tum a principibus tenerentur, tum a populis,
« aliquando a singulis. » Verumtamen ea sententia
Platonis minime placet Aristoteli, Rei Pub. V. 12,
qui et universam Platonis rem publicam legesque

graviter accusat, Rei Pub. II. 1, 2; nec non politicus græcus vaticanus. Sedenim Ciceronis quoque
Res Publica vituperata fuit a Didymo, contra quem
scripsit pro Cicerone Suetonius.

Pag. 88, versu 10.

Retinere, aut ante possitis occurrere.

Sic omnino loquitur Aristoteles, Rei Pub. V. 9.
De rerum publicarum commutationibus accurate
agit idem Aristoteles prædicto libro, cap. 1, seqq,
deque iisdem peculiare opus conscripserat Theo-
phrastus.

Pag. 88, versu 16.

Neque suos mores regere, neque suorum libidines.

Cicero, de Fin. III. 22 : « Tarquinius nec se,
« nec suos regere potuit. »

Pag. 88, versu 17.

Major ejus filius.

Ita etiam Dionysius, IV. 64 : Σέξτος ὁ πρεσβύτατος
τῶν Ταρκυνίου παίδων. Vix ergo audiendus Ovidius,
Fast. II. 691, a quo dicitur trium filiorum mini-
mus. Ovidium tamen sequitur Eutropius, I. 7.

Pag. 90, versu 8.

In conservandâ libertate privatum neminem.

Cicero, ad Fam. XI. 7, juniori Bruto, qui Cæsarem percussit, scribens, rursus hanc immanem

injustamque sententiam præ se fert : « Nullo pu-
« blico, inquit, consilio rem publicam liberasti ;
« quo etiam est res illa major et clarior. » Tum,
Tusc. IV. 23, de Nasicâ loquens, qui Gracchum
sine publicâ auctoritate interemit, ait, « nunquam
« privatum esse sapientem. » Stoice id quidem Cicero, vel potius quia memor fortasse erat priscæ
legis Publicolæ, quâ cautum fuerat, ut qui tyrannidem affectaret, is indictâ causâ a quovis neca-
retur. Plut. in Public. XII. Cæterum ipse Cicero
conjurationis in Cæsarem non fuit particeps. Plut.
in Cicer. XLII, Cic. ad Fam. XII. 3, 4. Dantis quoque poetæ judicio (Inf. XXXIV) nemo nescit Bru-
tum Cassiumque pœnas in Tartaro maximas luere,
quidquid ibi interpres Landinus circa poetæ men-
tem cavilletur. Sed quid est quod idem poeta dicit :

E l'altro è Cassio che par sì membruto ?

Cùm e Plutarcho, Cæs. cap. LXII, et Anton. XI,
Cassii potius gracilitas innotescat : quippe qui
dicitur pallidus et macilentus, ωχρὸς καὶ λεπτός.
Videtur mihi Dantes deceptus fuisse Ciceronis
verbis in Catil. III. 7 : « Nec L. Cassii adipem per-
« timescendum, » ubi sermo est non de hoc C.
Cassio percussore Cæsaris, sed de L. Cassio qui
cum Catilinâ conjuravit. Jamvero Tullii Catilina-
riæ cum paucis aliis ejusdem orationibus ætate
Dantis regnabant in scholis ; græcum autem Plutarchi textum Danti haud innotuisse ii certe non
mirabuntur, qui hunc græcæ linguæ ignarum fuisse
arbitrantur.

Pag. 90, versu 9.

Quo auctore et principe, concitata civitas.

Locum citat Nonius, voc. *urbs a civitate*.

Pag. 90, versu 15.

Ut de rege dominus exstiterit.

Hinc Plinius Trajanum laudans, cap. 11 : « Non
« de tyranno sed de cive, non de domino sed de
« parente loquimur. » Tum cap. xLV : « Sunt di-
« versâ naturâ dominatio et principatus. » Sed
tamen optimi Cæsares Trajanus, Pius et Marcus
domini nomen sine publicâ invidiâ admiserunt, ut
patet e Plinii ac Frontonis epistoli.

Pag. 92, versu 5.

Quàm optimâ in conditione vivendi.

Ita scholia ambrosiana ad Odysseæ librum II.
47 : Οἱ ἀρχαῖοι τὴν βασιλείαν ἐμέριζον εἰς τρία ἐπίθετα·
τὸν μὲν πρᾶον βασιλέα, ὠνόμαζον πατέρα· τὸν ἀπηνῆ καὶ
θυμώδη, δεσπότην· τὸν φειδωλὸν καὶ φιλοχρυσον, κάπηλον.
Id autem scholiastes ex Herodoto, III. 89, haurit,
qui sic loquitur de tribus Persarum regibus Cyro,
Cambyse et Dario.

Pag. 94, versu 4.

Nullam humanitatis societatem velit.

Tyranno, ait Tacitus, Annal. II. 42, « æqua ne-
« dum infima insolita sunt. » Tyranni vitam, com-

memorato ipso Tarquinio, graphice pingit Cicero, de Am. xv.

Pag. 94, versu 11.

Reges. . . . qui in populos perpetuam potestatem haberent.

Græci quoque, saltem antiquiores, regum nomine tyrannos vocitaverunt, vicissimque dixerunt tyrannos eos qui juste imperabant. Lege Suidam, voc. τύρχυνος et βχσιλεύς.

Pag. 94, versu 15.

Et modo *Ti. Gracchus*. . . . . .

Sine dubio sermo auctoris deflectebat ad Ti. Gracchum, qui turbulentâ potentiâ regnare visus est, et cui objectum tyrranidis affectatæ crimen ait Plutarchus in Gracch. capp. xiv, xvii, xix. Atque in hâc lacunâ, non minus quàm apud Velleium, ii. 4, dixit, ut puto, Scipio Ti. Gracchum, si is occupandæ rei publicæ animum habuisset, jure cæsum. Post Gracchi commemorationem videtur auctor in reliquâ lacunâ persecutus cœptum jam argumentum, academico scilicet more non definitivo; nempe quòd libertas seu populi jus in regno sit adeo intutum, ut nullum perpetuâ potestate magistratum fieri expediat; siquidem nec senatûs præsidium contra vim regiam satis validum esse videatur.

Pag. 96, versu 13.

Ne rex. . . . exsistat injustus.

Consonat Plato in Politico, p. 301, eâque solâ

de causâ legem scriptam regiæ auctoritati prælatam inter homines observat.

Pag. 98, versu 16.

Erit in reliquâ nobis oratione tractandum. . . .

Certe, cap. XL et XLII, de hoc liberæ rei publicæ tutore ac rectore seu custode sermo erit; libro autem quinto potissimum. Suspicari etiam licet Tullium in hâc amplâ lacunâ de consule dixisse qui regi Romæ successit. Et sane consulis descriptionem alicubi in his libris ab auctore luculenter fuisse exornatam vel eo nomine arbitror, quòd ipse sibi perfecti consulis gloriam semper vindicavit. Interim haud absimiles locutiones de consule notare licet in Tullio, v. gr. de Or. III. 1; ad Quir. post red. cap. v; pro Sext. xix, in Pis. x. De consulis nomine lege Dionysium, IV. 76; Cic. de Or. II. 39; Varronem apud Non. voc. *consules,* et de Ling. lat. IV. 14; Flor. 1. 9; Hieronym. ad Isai. cap. iii, voc. *consiliarius;* Isidor. Orig. IX. 3; Lydum, Mag. rom. I. 30. Magistratuum certe romanæ rei publicæ præcipuorum descriptionem his libris exhibuerat Cicero, ut ipse ait, Leg. III. 5, hâc de re loquens : « Atqui pleraque sunt dicta « in illis libris, cùm de optimâ re publicâ quære- « retur. » Nunc ea descriptio in mutilo codice vaticano, paucis exceptis vestigiis, desideratur; supplendaque est ope prædicti libri tertii de Legibus.

Pag. 98, versu 18.

.... Plato regionem sedesque civium æquis partibus divisas requisivit.

Plato, libro Legum quinto, civitatem vel novam constituens, vel veterem et corruptam reparans, primum purgat eam civibus improbis; deinde agrum et sedes inter cives æquo jure et humaniter dividit; tum definit civium numerum. Horum ego memor, locum Tullii hiantem sarcire aliquatenus ausus sum. In codicis ergo hiatu post expressam tutoris rei publicæ formam, videtur auctor perrexisse ad novum romanæ civitatis jam a regibus liberæ genus effingendum. Revera hinc alius rerum nascitur ordo. Ad platonicam purgationem quod attinet, etsi in Tullio vestigia rei nulla supersunt, vix tamen dubito quin ejus meminerit, propter nuper purgatam tyranno Tarquinio Romam. Sic enim is fere loquitur de Cæsare interfecto, ad Fam. XII. 1 : « Odium illud « hominis impuri et servitutis dolor depulsus est. »

Pag. 100, versu 1.

Quàm minimam posuit.

Plato Legum libro quinto, p. 737, civitatem et quinque millibus colonorum et præterea quadraginta constituit (propter quamdam ejus numeri rationem, pp. 746, 771) eamdemque civitatem augeri non vult, p. 740. Sed mirabilior est Aristoteles qui, Nicom. X. 10, civitatem ait neque ex

decem hominibus neque ex centum millibus posse
constare. In Re Pub. autem, VII. 4, sic disserit,
ut haud magnam civitatem condere videatur. Apud
eumdem Aristotelem, Rei Pub. II. 8, Hippodamus
politicus civitatem habere jubet decem hominum
millia.

Pag. 100, versu 8.

His enim regiis quadraginta annis et ducentis, etc.

Nempe annis CCXLIV, uti aiunt Dionysius, IV.
85, et V. 1; Livius, I. 60; Eusebius, Chron. I. 46;
vel uno minus, uti scribunt Augustinus, Civ. Dei,
III. 15; Orosius, II. 4.

Pâg. 100, versu 13.

Pulso Tarquinio, nomen regis audire non poterat.

Num incipit auctor partim dicere de causis mu-
tationum rei publicæ, ceu paulo ante innuit se
facturum, promiseratque jamdiu, lib. I. 42? De
monarchiarum interitu copiose, more suo, disputat Aristoteles, Rei Pub. libro quinto, quo abs fonte
omnia fere recentiorum super hâc re præcepta
manavisse videntur. In hoc igitur ingenti sexdecim
paginarum hiatu videtur Cicero causas aperuisse
altius, ob quas Romæ politia mutata est. Exin
Bruti laudes et Collatini, et cætera quæ ad exordium libertatis pertinent subjunxisse Tullium
puto.

Pag. 100, versu 1 ex notis.

Itaque illa præclara constitutio, etc.

Frusti hujus quod Nonius profert e II de Re Pub. videtur sedes hæc; quamquam et prioribus lacunis haud fortasse immerito insereretur. Ex hâc item sede fortasse deprompta sunt illa Augustini verba, Civ. Dei, V. 12, ut iis certe videbitur qui de his rebus judicare possunt. Neque spernendum indicium est, quòd auctor ante lacunam nomen ipsum regale ait evasisse invisum. Sic ergo Augustinus: « Romani regalem dominationem non ferentes, « annua imperia binosque imperatores sibi fece- « runt, qui consules appellati sunt a consulendo, « non reges aut domini a regnando atque domi- « nando. »

Pag. 102, versu 3.

Eo ipso ubi rex Tullus habitaverat.

Tulli Hostilii domum in Veliâ fuisse, ibidemque postea habitavisse Valerium concors auctorum sententia est. Sed cur Servius, Æn. IV. 410, Valerium in Esquiliis domum illam habuisse dicit altissimam, cùm tamen Velia cacumen quoddam Palatii fuerit? Nimirum quia Velia, ut quibusdam placuit, fuit etiam urbis ea regio, per quam via sacra ad forum descendit, ubi postea templum Pacis ædificatum est : ideoque facile intelligitur quomodo Servius Veliam Esquiliis adjungere po-

tuerit, a quo monte vix regio prædicta discrimi-
natur, imo potius cum eo continuatur.

Pag. 102, versu 10.

Nostri etiam augurales.

Ita loquitur Scipio, quia in collegio augurum
erat.

Pag. 102, versu 17.

Concordiæ causâ sapienter popularium.

Hi consulatum gesserunt anno urbis cccv, quo
decemviratus, non sine eorumdem operâ, fuit
abrogatus. Dionysio, XI. 45, dicuntur, δημοτικοὶ
τὰς φύσεις ὄντες, καὶ παρὰ τῶν προγόνων ταύτην διαδε-
δεγμένοι τὴν πολιτείαν. Namque ut ait Livius, III. 39:
« Valeriis et Horatiis ducibus pulsi reges fuerant.»

Pag. 104, versu 2.

Leges porciæ, quæ tres sunt trium Porciorum.

Ante hunc detectum Ciceronis locum nemo, ut
puto, dixerat tres fuisse trium Porciorum leges de
provocatione. Porciam generatim definit Livius,
X. 9 : « Porcia lex sola pro tergo civium lata vi-
« detur; quòd gravi pœnâ, si quis verberasset ne-
« cassetve civem romanum, sanxit. Valeria lex,
« cùm eum, qui provocasset, virgis cædi, secu-
« rique necari vetuisset, si quis adversus ea fecis-
« set, nihil ultra, quàm improbe factum, adjecit. »
Legis porciæ meminerunt Sallustius, Cat. LI, Cicero in Verr. V. 63, et pro Rabir. III et IV. Jam

e tribus Porciis de provocatione legem ferentibus unum certe tenemus cognomento Læcam , tribunum plebis anno urbis DLVII, in insigni denario cum inscriptione PROVOCO, apud Eckhelium, Num. vet. t. v, p. 286, quem jam antea memoraverat in Annalibus Pighius, t. II. p. 256, qui de porciâ lege verba multa facit. De viris porciis variis legatur Gellius, XIII 19.

Pag. 104, versu 9.

Instituitque primus , ut singulis consulibus , etc.

Dionysius , V. 2, et Livius , II. 1 , hanc institutionem haud uni Publicolæ, sed Bruto simul tribuunt. Verum suos auctores, ut alibi, sequitur Cicero. Dionysius , V. 19 , peculiare Publicolæ institutum refert demendi ex fascibus in urbe secures , retinendi vero tantummodo extra illam.

Pag. 106, versu 1.

Pleraque senatûs auctoritate.

Sic prorsus de statu illo Romæ post ejectos reges loquitur Dionysius, V. 1 : Ἀριστοκρατίας δὲ γενομένης.

Pag. 106, versu 4.

Genere ipso ac jure regiam.

Cicero, de Leg. III. 3 : « Regio imperio duo « sunto; militiæ summum jus habento, nemini « parento; ollis salus populi suprema lex esto. » Consulum potestatem *regiam* appellant demons-

trantque Livius, II. 1, IV. 3; Dionysius, V. 1;
Polybius, VI. 11; Ampelius, cap. ult.

Pag. 106, versu 7.

Nisi ea patrum approbavisset auctoritas.

De hoc jure romano legatur Livius, I. 17, 22;
IV. 5, 49; VI. 42; Dionysius, II. 14, qui tamen
ibidem ait suâ ætate fieri contrarium, neque utrum
sit melius definit. Eam juris mutationem testatur
aperte etiam Cicero, pro Plancio III, nec non Sallustius, Hist. III, in Macri oratione.

Pag. 106, versu 20.

Sexto decimo fere anno.

Adamussim Eutropius, l. 12 : « Sexto decimo
« anno; » et ita ipse Tullius in cornelianâ, quo
loco commentatur Asconius : « Numerum quidem
« annorum post reges exactos, quo id factum est,
« diligenter posuit, qui fuit A. Verginio Tricosto,
« L. Veturio Cicurino coss. » Consentit itaque in
annorum numero Asconius, sed variat in consulibus, qui anno ante Cominium et Cassium magistratu functi sunt. Lydus, Mag. rom. I. 38, scribit
anno decimo septimo.

Pag. 106, versu 20.

Posthumo Cominio, Sp. Cassio consulibus.

Hoc ordine ponit hos consules etiam Dionysius,
VI. 49, a quo perversum fuisse ordinem putabat

Almelovenius, quia scilicet Livius, II. 33, priorem consulem scribit Cassium. Atqui nunc dionysianæ scripturæ suffragatur tulliana.

Pag. 108, versu 2.

Vincit ipsa rerum publicarum natura sæpe rationem.

Parem sententiam in hoc argumento versans scribit Dionysius, V. 64 : Τὰς ἀνάγκας κρείττους εἶναι τῆς ἀνθρωπίνης φύσεως· καὶ τότε τὸ εὐπρεπὲς ἀξιοῦν ἅπαντας σκοπεῖν, ὅταν ἔχωσιν ἤδη τὸ ἀσφαλές. Confer Ciceronis, de Or. II. 48, insignem locum, ubi is narrat Antonium illum oratorem omnium seditionum genera, vitia, pericula oratione quâdam collegisse, atque ex omni rei publicæ romanæ temporum varietate repetivisse; aliaque addit quæ cum his politicis locis apprime congruunt.

Pag. 108, versu 10.

Et ære alieno commota civitas.

Seditiones commutationesque rerum publicarum propter æris alieni et fœnoris magnitudinem recitat Plato, Rei Pub. VIII. p. 555, sqq.

Pag. 108, versu 10.

Plebs montem Sacrum.

Ita appellatur προληπτικῶς; nam Festus, voc. *sacer*, montem illum sic vocitatum putat, quòd eum plebs, creatis ibi tribunis, discedens Jovi consecravit. Ipse Tullius, pro Cornelio dicit : « Montem

« illum trans Anienem , qui hodie mons Sacer ap-
« pellatur. »

Pag. 108, versu 11.

Deinde Aventinum occupavit.

Sacrum tantummodo montem memorant occu-
patum Dionysius, VI. 45; Livius, II. 32; Ovidius,
Fast. III. 664; Florus, I. 23; Orosius, II. 5. Sed
enim Livius causam aperit cur Cicero Aventinum
quoque dicat : « Ea frequentior fama est (de Sacro
« monte) quàm cujus Piso auctor est, in Aventi-
« num secessionem factam esse. » Sed apertius
cum Cicerone sentit Sallustius Historiarum libro
primo, apud Augustinum, Civ. Dei, II. 18, III. 17,
et apud Servium ad Æn. VIII. 479 : « Fœnore op-
« pressa plebs montem Sacrum atque Aventinum
« insedit. » Cicero, pro Corn. sibi consonans de
iis qui in montem Sacrum secesserant, ait : « Ro-
« mam armati reverterunt, in Aventino conse-
« derunt. »

Pag. 108, versu 14.

Regnante Theopompo.

Anno circiter centesimo et trigesimo post Lycurgum, ut docet Plutarchus prædicto loco; nempe
olympiade quintâ, ut scribit Eusebius, adeoque
ante Romæ natales.

Pag. 108, versu 19.

Decem qui cosmoi vocantur.

De ephoris atque cosmois lege, si vacat, Aris-

totelem, Rei Pub. II. 9, 10, et Strabonem, lib. X.
p. 738.

Pag. 110, versu 2.

Non longis temporibus ante fugerat.

Dicit « non longis temporibus, » quia Gellius,
XVII. 21, ait : « Solonem accepimus leges scrip-
« sisse Atheniensium , Tarquinio Prisco Romæ
« regnante, anno regni ejus tricesimo tertio. »
Innuit autem hîc Cicero invectam a Solone σεισά-
χθειαν, nempe æris alieni sublevationem, cui Solon ipse exemplo præivit septem talenta, quæ sibi
debebantur, omittens. De hâc re lege Laërtium in
Solone; Plutarchum item in Solone et in rei publicæ gerendæ præceptis; Heraclidem in politiis.
Quin adeo Dionysius, V. 64, orationem recitat
Valerii, qui fuit Publicolæ frater, suadentis ut
plebi romanæ æs alienum remitteretur, hoc ipso
Solonis exemplo proposito : quamquam frustra
fuit, contradicente Appio.

Pag. 110, versu 5.

Nectierque postea desitum.

Intelligit ea quæ acciderunt Veturio seu Publilio
adolescenti, et quorum causa jus romanum mu-
tatum est. Rem habes apud Valerium-Max. VI. 1.
9 ; Livium, VIII. 28; Dionysium in Fragm. XVI. 9.

Pag. 110, versu 10.

Duobus tribunis plebis per seditionem creatis.

Duos tribunos creatos dicit Cicero etiam in cor-

nelianâ; quo loco sic commentatur Asconius: «Qui-
« dam non duos tribunos plebis, ut Cicero dicit,
« sed quinque tradunt creatos tum esse, singulos
« ex singulis classibus. Sunt tamen qui eumdem
« illum duorum numerum, quem Cicero, ponant:
« inter quos Tuditanus et Pomponius Atticus, Li-
« viusque noster. Idem hic et Tuditanus adjiciunt
« tres præterea ab illis duobus collegas creatos
« esse. » His, qui duos tribunos dixerunt, addatur
Lydus, Mag. rom. I. 38, 44. In iis, qui quinque
dixerunt, est Dionysius, VI. 89.

Pag. 110, versu 16.

Voluptatibus inferiores, nec pecuniis ferme superiores.

Consentit Sallustius, Cat. vii. Virtutem Romanorum ejus ætatis copiose laudat Augustinus, Civ.
Dei, V. 12. Consonat Cassiodorii, Var. i. 16, nobilis sententia : « Acquirit nobiles thesauros famæ,
« neglectâ vilitate pecuniæ. »

Pag. 112, versu 5.

Cedente populo, morte mactavit.

Mediam quamdam sententiam sequitur Cicero,
dum ait Cassium a quæstore quidem accusatum,
verum a patre judicatum atque interfectum : quidam enim scripserunt accusatum quoque fuisse a
patre. Rem suo more ventilat Dionysius, VIII. 79;
atque ita concludit, ut ei Cassii pater nihil in filii
judicio egisse videatur. Neque abhorret a Dionysii

sententiâ Livius, II. 41. Sed contradicunt Valerius
Max. V. viii. 2, et Florus, i. 26.

Pag. 112, versu 9.

Sp. Tarpeius et A. Aternius.

Dionysius, X. 50, perspicue horum consulum
legem edisserit; scilicet quòd mulctandi potestatem magistratibus cunctis fecerint, cùm antea id
consulibus tantum liceret.

Pag. 112, versu 11.

L. Papirius, P. Pinarius censores.

Notandum hoc censorum collegium hactenus,
ut opinio mea fert, incognitum. Primi quidem censores fuerunt anno cccxi L. Papirius et L. Sempronius; secundi C. Furius Pacilus et M. Geganius
anno cccxvi; tertii scribantur nunc L. Papirius
iterum et P. Pinarius anno cccxxi. Quominus enim
Papirius fieret censor iterum, nihil obstabat : lex
quippe Marcia id demum vetuit permultis annis
post, lata a Marcio quem populus censorem iterum
creaverat.

Pag. 112, versu 13.

Lege C. Julii, P. Papirii consulum constituta est.

Festus, voc. *peculatus*, consules Menenium Lanatum et Sestium Capitolinum dicit ejus legis
auctores. Gellius, xi. 1, ait lege Aterniâ eam æstimationem esse factam. Erat autem gravissima

mulcta *duo boves et oves triginta,* uti ait Dionysius, X. 5o; seu contra *duœ oves et boves triginta,*
ut Fest. et Gell. At Plutarchus, Poplic. cap. **xi**,
ait a Publicolâ præfinitam esse mulctam quinque
boves duasque oves valentem. Denique non abs
re moneo, apud Gellium, **vii. 11**, exstare fragmentum orationis de mulctâ ad populum recitatæ
a Scipione nostro in censurâ.

Pag. 114, versu 2.

Et consules et tribuni plebis magistratu se abdicarent.

Dionysius, X. 19, eum morem a Cincinnato
consule invectum narrat; isque adhuc manebat
ætate Frontonis, cujus vide ep. ad. **M. Cæs. ii. 3**;
et ulterius servatum novimus.

Pag. 114, versu 5.

Qui cùm decem tabulas. . . . conscripsissent.

Circa urbis annum ccc, ut vulgo historici tradunt. Nullam tamen facit Cicero mentionem romanorum in Græciam legatorum ad Solonis leges
petendas : cujus rei altum silentium est in aliis
quoque Tullii scriptis. Imo is, de Or. I. 44, leges
romanas aperte anteponit inconditis et ridiculis,
ut ait, Lycurgi, Draconis Solonisque legibus; quod
facere vix debuit, si jus romanum e græco haus-
tum putavisset. Præterea, Tusc. V. 36, commemo-
rato illo Hermodoro, quem quidam aiunt inter-
pretandis apud decemviros Solonis legibus præ-
fuisse, ne γρῦ quidem eâ de re Cicero. Profecto

duorum jurum natura mirum quantum diversa
est. Itaque docti aliquot, præsertim Vicus italus,
Bonamicus gallus, Gibbonius anglus, et Germani
quidam nuperrimi, legationem illam negare ausi
·sunt, contradicente licet prolixe Terrassonio gallo
et nonnullis Italis. Supplementa quædam tabularum ab Æquis, Italiæ populo, missis ad eos decemviris, accepisse Romanos narrat Servius, Æn.
VII. 695.

Pag. 116, versu 11.

Quæ postea plebiscito canuleio abrogata est.

Legatur Livius, IV. 1, sqq. Hunc vero Canuleii
tumultum in monte Janiculo exarsisse aiunt Florus, I. 25, et Ampelius, cap. de Secessionibus.

Pag. 116, versu 17.

In foro suâ manu interemisset.

Virginii hoc facinus Cicero, de Fin. II. 20, collocat in sexagesimo anno post libertatem receptam.

Pag. 118, versu 3.

Aventinum armatos insedisse. . . .

In hoc haud mediocri hiatu periisse videmus
decemvirorum abrogationem et pœnam ; item res
aliquot postea gestas, bella, v. gr. cum finitimis ;
sed certe tribunos militares pro consulibus lectos ;
Sp. Mælii consilium tyrannicum , ejusdemque supplicium jussu Cincinnati dictatoris ; censuræ ini-

tium; quæ omnia sunt in tertio quartoque Livii volumine, pertinguntque usque ad varronianum urbis annum cccxv. Ilis et præterea paucis fortasse adjectis, videtur Scipio in eo conclusisse sermonem, ut diceret, optimum esse habendum mixtum illud temperatumque rei publicæ genus quod Romani veteres et probavissent maxime et retinuissent sapientissime; quam rem superiore libro, cap. xLvi, ostensurum se receperat.

Pag. 118, versu 16.

Moribus aut legibus constituere vel conservare.

Mores et leges fondamenta duo cujusvis rei publicæ statuit esse Polybius, VI. 47. De disciplinâ et de moribus quarto in libro tractabitur. De legibus vel in quinto actum est, vel id caput peculiari operi Tullius reservavit, cujus pars exstat in tribus de Legibus. Valde tamen suspicor quinto in libro actum fuisse de constitutione conservationeque civitatis (quod facit Plato, Rei Pub. tertio et quarto) quoniam Tullius multa dixit in quinto de civitatis moderatore, qui Platoni in prædictis libris est φύλαξ; ut et Ciceroni, lib. I. xLi, *custos.* Sed certe platonici libri copiosissimi de Re Pub. et de Legibus satis nos docent, quanta pars tullianorum scriptorum argumenti ejusdem desideretur.

Pag. 120, versu 16.

In aginem urbis et populi ni. . . .

Incidimus in ingentem lacunam. Sine dubio

autem nunc aggreditur Cicero ad commovendum illum de justitiâ sermonem, quem Augustinus, Civ. D. II. 21, ait secundo libro cœptum totoque tertio protractum. Cùm enim romanæ rei publicæ exemplo formam optimam civitatis finxisset Scipio, Tubero tamen prædictam « Imaginem urbis et populi *nimis circumscriptam esse judicaret* » (sic enim hîc continuare licet sententiam auctoris); ad jus universæ naturæ, seu generatim societatis humanæ, demonstrandum accedit idem Scipio : sicuti superiore libro, cap. xxxvi, ut unius dominatum suaderet, naturæ universæ testimonium invocaverat, quam physici ab unâ mente regi sentiebant. Est autem præclara transitio a peculiari Romæ jure ad generale naturæ, quoniam, ut scribit Gravina : « Nihil est aliud jus civile, « nisi naturalis ad romanæ rei publicæ institutio- « nem relata romanisque moribus et litteris expli- « cata ratio. »

Pag. 124, versu 1.

Vel ut a te ipso ordiare.

Singularis consilii laudem tribuit Scipioni Æmiliano Cicero, in Verr. V. x; et præsertim, de Or. I. 48 : « Hunc rei publicæ rectorem et consilii pu- « blici auctorem esse habendum definirem ; præ- « dicaremque P. Africanum et C. Lælium, etc. » Sic etiam Plutarchus, an Sen. sit geren. resp. t. ix, p. 183. Imo Philus, de Re Pub. III. 14, dicit sibi consuli fuisse in consilio hos ipsos, qui nunc loquuntur de re publicâ homines.

Pag. 124, versu 14.

Namque et illa tenenda est ferox.

Cœperat hoc loco dicere Scipio de animi per-
turbationibus, quibus mens politici viri debet in-
victe imperare. Videtur autem initium fecisse ab
iracundiâ, tum perrexisse ad cupiditatem, ad
libidinem, ad anxitudinem, etc., quibus qui apte
moderari nequit, si videlicet tamquam auriga indoctus et curru trahitur et male mulcatur. His ego
conjecturis utens locos Nonii quinque e secundo
libro de Re Pub. ab eo citatos, hâc in sede collo-
candos esse putavi. Paulo tamen ægrius mihi per-
suasi, tot auctoritates e paucis Tullii paginis a
grammatico fuisse depromptas.

Pag. 124, versu 16.

Vix hominum acerbis funeribus satietur.

Iracundiam a politico viro abesse vult Cicero,
Tusc. IV. 22; profertque exemplum Scipionis
nostri, quem inflammatum fuisse iracundiâ ne tum
quidem credit cùm hostem manu suâ interimeret.
Addit et proprium exemplum Cicero, quæ fortiter
in re publicâ fecisset, nunquam se iratum fecisse.
Sedenim nusquam vehementius Cicero iracundiam
a magistratu removet, quàm in illâ prolixâ ad
fratrem Asiæ prætorem epistolâ, I. 1, quæ politici
tractatûs instar est. Denique hunc locum politicum
vel exprimit vel æmulatur Lactantius, Inst. I, 9,
ubi postquam eleganter et, ut puto, tulliane dixit:

« Herculem quasi Africanum inter deos haberi, »
pergit loqui de frangendis cupiditatibus, de supe-
randâ iracundiâ, ceu ferâ in homine inclusâ, de
libidine vincendâ, etc.

Pag. 126, versu 8.

Ut enim in fidibus aut tibiis.

Hunc locum reapse spectare ad secundi libri
finem, præclare testatur Augustinus, Civ. D. II.
21, his verbis : « Cùm Scipio in secundi libri fine
« dixisset : ut in fidibus ac tibiis, » et reliqua
prolixiora quàm in mutilo codice servantur. Porro
Tullii hunc locum aperte imitatur politicus græcus vaticanus in quinti libri fragmentis.

Pag. 128, versu 5.

Moderata ratione civitas con-*sensu*.

Huc usque codex cum Augustino consentiens ;
reliqua prosequitur Augustinus.

Pag. 128, versu 3.

Quantumque obesset si afuisset.

Hæc sunt a Platone, ep. VII, p. 335 : Οὐκ ἄν ποτε
γένοιτο εὐδαίμων οὔτε πόλις οὔτ᾽ ἀνὴρ οὐδείς, ὃς ἂν μὴ
μετὰ φρονήσεως ὑπὸ δικαιοσύνῃ διαγάγῃ τὸν βίον.

Pag. 128, versu 6.

Ac de justitiâ plura dicerentur.

Id quoque a Platone est, apud quem Socrates

sub primi de Re Pub. libri finem, etsi multa de justitiâ dicta fuerant, poscit nihilominus ut ea res accuratius et pro dignitate consideretur; id quod secundo libro fit. Porro haud scio an Lactantius, Inst. VI. 2, ex hâc Ciceronis disputatione, et quidem fortasse e tertii libri initiis, mutuetur illa verba : « Nihil tam præclarum hominique conve- « niens potest esse, quàm erudire homines ad jus- « titiam. »

Pag. 130, versu 6.

Finis disputandi in eum diem factus est.

Hanc secundi libri clausulam historice refert Augustinus, loco superius citato, Civ. D. II. 21 : « Hanc proinde quæstionem (de justitiâ) discu- « tiendam et enodandam esse assensus est Scipio, « responditque nihil esse, quod adhuc de re pu- « blicâ dictum putaret, et quò possent longius pro- « gredi, nisi esset confirmatum, non modo falsum « esse illud, sine injuriâ non posse; sed hoc ve- « rissimum esse, sine summâ justitiâ rem publi- « cam geri non posse. Cujus quæstionis explicatio « cùm in diem consequentem dilata esset, etc. »

NOTÆ

AB ANGELO MAIO CONCINNATÆ

IN LIBRUM TERTIUM.

SCHOLION

*De mentis humanæ descriptione, cujus fragmentum
in vaticano de Re Publicâ codice superest.*

Proœmium tertio libro fuisse præfixum, dubitari
non potest; cùm enim hic liber altero die recitetur
oportuit auctorem tantum præfari, quantò opus
erat ad revocandas in conventum colloquiumque
personas dialogi, et ad Fannium ablegandum. Et
quidem, cap. ii, patet omnino suis ipsum verbis
loqui Ciceronem. Jam hoc libro scripturus de justitiâ auctor, præposuit humanæ mentis, quæ sola
justitiæ capax est, descriptionem. Hominis imaginem in libris de Re Publicâ fuisse diligenter
expressam docet nos Tullius, de Leg. I. 9; verum
id Scipionis ore factum esse tradit ibidem ipse
auctor; tum diserte Lactantius, de Opif. Dei, cap.
i, totum eum locum quarto in libro de Re Publ.
exstitisse confirmat. Codicis autem vaticani folium,
in quo de mente et eruditione hominis scribitur,

quarto in libro collocari non potest , neque in eo personam Scipionis loqui cognoscimus. Sane tertii libri inscriptio nusquam in vaticano codice apparet, nisi pag. x, conjunctim cum clausulâ libri secundi; verumtamen prædictum de naturâ hominis folium quia cohæret cum ipsâ paginâ x, id est cum clausulâ secundi libri, quartum ad librum pertinere nullo modo potest. Igitur alia fuit illa hominis descriptio quam Tullius ipse et Lactantius memorant.

Ciceronis de hominis naturâ et eruditione vaticanum fragmentum , aliosque ejusdem similes locos, luculenter exprimit Augustinus, libro altero de Ordine, ff. 35 , sqq, ex quo discimus etiam (nisi mea me opinio fallit) quæ huic loco de Re Publ. fortasse desunt ; nempe inventiones complures, ceu historiæ, dialectices, musicæ, poetices, geometriæ, astronomiæ, et aliarum artium atque scientiarum : quibus peractis, mens seu ratio adeo se erexit humana, ut ausa sit immortalem animam comprobare (Aug. ibid. ff. 43). Tullium Augustinus , vel se ipsum , imitatur prolixe etiam, de Civ. Dei, XXII. 24. Eumdem Tullium de Re Publ. sine dubio compilat Plinius, VII. 1 : « Non est « satis æstimare , natura parens melior homini an « tristior noverca fuerit..... Hominem nudum et « in nudâ humo, natali die abjicit ad vagitus sta- « tim et ploratum..... uni animantium luctus est « datus, uni luxuria..... nulli vita fragilior , nulli « rerum omnium libido major , nulli pavor confu- « sior. » Lactantius, Inst. VI. 10 : « Deus homi-

« nem nudum fragilemque formavit, ut eum sa-
« pientiâ potius instrueret. » Confer eumdem,
V. 21, VII. 4, 5; nec non Augustinum, Civ. D.
VIII. 15, XII. 23. Idem Lactantius, de Opif. D.
II : « Hominem ratione concessâ, et virtute sen-
« tiendi atque eloquendi datâ, eorum quæ cæteris
« animantibus attributa sunt, fecit expertem; sta-
« tuit nudum et inermem..... Queruntur hominem
« imbecillum, fragilem, nudum tamquam ex nau-
« fragio in hujus vitæ miserias projici et expelli :
« itaque naturam non matrem esse humani generis,
« sed novercam, quæ hominem sic effuderit, ut
« inops et infirmus, etc. » Sallustius autem istas
querelas adversus naturam studiose refutat in ju-
gurthini belli procemio; quo in argumento versatur etiam prædictus Lactantii liber. Denique
Apuleius, de Deo Socr. ed. Wech. p. 43, ait :
« Homines ratione plaudentes, oratione pollentes,
« inmortalibus animis, moribundis membris,
« levibus et anxiis mentibus, brutis et obnoxiis
« corporibus. » Jamvero Plinium (ne quid de
Lactantio et Augustino dicam) politico Ciceronis
opere usum fuisse inter omnes constat. Apuleius,
qui de Re Publ. scripsit, fieri non potest quin
alicubi Ciceronis opus politicum imitatus sit Di-
cerem peculiari jure etiam, Sallustium (qui de re
publicâ ordinandâ scripsisse creditur) percalfen-
tem fuisse tulliani hujus operis, nisi cum Sallustium, qui Ciceroni auctor fuit (ad Q. fr. III. 6)
inmutandi rationem operis, alium esse hominem
vulgo existimari viderem. Denique tullianum de

Re Publ. locum, quem æquales et posteri compila-
verunt, nonne ipse auctor a Lucretio derivare
videtur, lib. V. 223 ?

> Tum porro puer, ut sævis projectus ab undis
> Navita, nudus humi jacet infans, indigus omni
> Vitali auxilio, cùm primum in luminis oras
> Nixibus ex alvo matris natura profudit.

Imo longinquius fortasse Cicero accersivit imitationem, nempe a Platonis Epinomide et ab ejusdem
tertio de Legibus.

Ut finem faciam, summa tulliani procemii hæc
fuit : Natura hominem nudum formavit et inermem, ut eum sapientia muniret et tegeret (Lact.
VII. 4). Soli homini sapientia data est, et hæc
sola hominis mutorumque distantia est (Lact.
epitom. xxxiv, Inst. II. 1). Ipsa autem ratio,
quæ in homine perfecta est, sapientia nominatur
(Lact. Inst. III. 10). Porro sapientia est intelli-
gentia vel ad bonum rectumque faciendum, vel
abstinentia dictorum factorumque improborum
(Lact. V. 17 ; VII. 4). Ergo natura (seu potius
deus ut emendat Lactantius, et de Irâ D. cap. ult.
Inst. III. 28) quæ hominem ad sapientiam genuit,
eadem ad JUSTITIAM procreavit ; de quâ scilicet
justitiâ scribitur tertius liber, ad quem prædictus
de naturâ hominis sermo viam munit. Et quoniam
de sapientiâ non perfunctorie sermo fuit in hoc
tertii libri procemio, valde arbitror eò spectare
Lactantium, cùm, epit. xxxi, sqq. philosophorum veterum sapientiam ventilat ; camque, quia

vanis et pugnantibus fundamentis niteretur, ait a recentiore academiâ, quæ omnibus bellum indiceret, dissolutam esse atque subversam, tam physicam scilicet sapientiam quàm moralem. Revera et apud Lactantium sequitur disputatio de justitiâ, et apud Tullium introducitur princeps academiæ Carneades justitiam oppugnaturus. Hæc fere præfatus Cicero dialogi personas ad continuandum de re publicâ et præsertim de justitiâ sermonem iterum evocavit.

Pag. 138, versu 1.

..... Et vehiculis tarditati.

Locum sarcit Cicero, de Nat. D. II. 60 : « Effi-« cimus domitu nostro quadrupedum vectiones, « quorum celeritas atque vis nobis ipsis affert vim .« et celeritatem. »

Pag. 138, versu 1.

Eademque.

Mens aut ratio.

Pag. 138, versu 9 et seqq. ex notis.

Homo cùm fragilis imbecillisque nascatur, etc.

Lactantius et præcedente et hoc ipso sui operis capite sine dubio compilat Tullii hoc procmium, et quidem servatum illud ab Augustino fragmentum, ut in scholio docui. Quid ni igitur tulliana reliqua compilare credendus est in his consequentibus, quæ lacunam commode explere videntur ?

Quatenus tamen id faciat Lactantius primis operis
sui quatuor capitibus, id aliorum esto judicium;
mihi interim brevem particulam huc intulisse sat
est.

Pag. 140, versu 2.

Sic verba rebus impressit.

Loquelam non inventam sed innatam esse hominibus contendit jure optimo Lactantius, Inst. VI.
10, contra Tullium, et contra Lucr. V. 1027;
Hor. Sat. I. III. 103. Est autem quæstio hæc cele-
berrima.

Pag. 140, versu 7.

Colloquia cum absentibus.

Augustinus, de Ord. II. 35, Tullium imitans :
« Sed audiri absentium verba non poterant; ergo
« illa ratio peperit litteras, notatis omnibus oris ac
« linguæ sonis atque discretis. » Addit Augustinus
similiter numerorum inventionem, sicuti prius
narrat sermonis originem, prorsus cum Tullii et
sententiâ et locutione consentiens. Generatim ipse
Cicero imitatur Platonis Timæum, p. 44. sqq.

Pag. 140, versu 10.

Tum una immutabilis et æterna.

Vix dubito quin Cicero imitetur Platonis Epi-
nomidem, præsertim ob astrorum, noctium, et
dierum commemorationem, quæ sequitur.

Pag. 140, versu 12.

Nec frustra siderum motus intueremur.

Lactantius, Inst. II. 1 , 2, universo hoc loco utitur , et quidem diserte ait : « Spectare nos « cœlum deus voluit, utique non frustra. » Pergit Lactantius queri quod homines oculos suos ab alto dejiciunt , soloque defigunt. Revera statim Cicero subdit , sapientium animos præ vulgo infimo altius se extulisse.

Pag. 142, versu 1.

Dinumerationibusque noctium ac dierum. . . . .

Cicero, de Nat. D. II. 61 : « Hominum ratio in « cœlum usque penetravit : nos astrorum ortus , « obitus, cursusque cognovimus : ab hominum ge- « nere finitus est dies, mensis, etc. , quæ contuens « animus accedit ad cognitionem deorum ; ex quâ « oritur pietas, cui conjuncta justitia est. » Hæc fere docent quid hoc codicis loco desideremus , atque ut Cicero ad dicendum de justitiâ aditum sibi patefecerit.

Pag. 142, versu 6.

Sint nobis isti . . . . . . magni homines.

Intelligit philosophos. Sententiâ hujus tulliani loci aperte utitur Lactantius, Institutionum initio ; locutionem ipse Tullius refricat, Leg. I. 5 : « Sit « ista res magna , sicut est. »

Pag. 142, versu 7.

Sint veritatis et virtutis magistri.

Tulliane, et quidem ut puto ex hoc opere, Lactantius, Inst. I. 1 : « Majore in gloriâ philosophi « fuerunt, recte enim vivendi doctores sunt exis- « timati. »

Pag. 142, versu 24.

Quid P. Scipione, C. Lælio, quid L. Philo perfectius.

Idem Cicero, de Or. II. 37 : « Non tulit ullos « hæc civitas aut gloriâ clariores, aut auctoritate « graviores, aut humanitate politiores P. Africano, « C. Lælio, L. Furio. (Philo.) » Similiter de his triumviris loquitur, pro Arch. vii.

Pag. 144, versu 3.

A Socrate adventitiam doctrinam adhibuerunt.

Consonat sibi Tullius, Tusc. IV. 3 : « Sapientiæ « studium vetus id quidem in nostris, sed tamen « ante Lælii ætatem et Scipionis non reperio quos « appellare possim nominatim. » Profecto et ipsi Catoni, qui Lælio et Scipione paulo fuit senior, doctrina transmarina atque adventitia defuit. Cic. Or. iii. 33.

Pag. 144, versu 10.

Hæc civilis laudabilior est certe et illustrior.

Contra Cic. ad Att. II. 5.

Pag. 144, versu 15.

Quem nemo ferro potuit superare nec auro.

Videtur e deperditis Ennii versibus. Sane hunc olim versum legebat imitabaturque Claudianus , Bel. get. 131 :

Pectora Fabricii donis invicta vel armis.

Curii fortitudo et abstinentia satis notæ sunt. Confer saltem Ciceronem , de Sen. XIII. Quin adeo legendus est etiam Salvianus , de Gratiâ D. I. 2 , qui non aliena a Tullio scribit.

Pag. 144, versu 15.

..... fuisse sapientiam.

Locutus fuerat Cicero in lacunâ de illâ exquisitiore et abstrusâ sapientiâ, quam philosophi quidam jactabant. En vero ut sibi ipse supplementa dat auctor Lælii ore , de Am. cap. v : « Eam sa« pientiam interpretantur quam adhuc mortalis « nemo est consecutus; nos autem ea quæ sunt in « usu vitâque communi, non ea quæ finguntur aut « optantur , spectare debemus. Nunquam ego di« cam C. Fabricium , M. Curium , etc. ad istorum « normam fuisse sapientes , etc. » Eadem dicit Cicero , de Off. III. 4 ; concluditque neminem exquisite sapientem fuisse , nec ipsum Catonem aut Lælium. Conspirat cum Tullio Lactantius , Inst. III. 14; VI. 6 ; epitom. xxx, xl; de Op. D. cap. 1.

Pag. 144, versu 18.

Hi autem institutis et legibus.

Contentio est politicorum cum philosophis.

Pag. 144, versu 18.

Plures vero hæc tulit una civitas.

Cie. Nat. D. II. 66 : « Multos et nostra civitas et « Græcia tulit singulares viros , etc. » Cicero , Tusc. IV. 3 , ait, « Romanos, Lælio et Scipione « adolescentibus , bene vivendi disciplinam vitâ « magis quàm litteris esse persecutos. »

Pag. 146, versu 2.

Quoniam id nomen illi tam restricte tenent.

Hanc paucitatem irridet etiam Lactantius, Inst. IV. 41.

Pag. 146, versu 4.

Eam rem publicam, quæ possit esse diuturna.

Sic Plato , Leg. IV. p. 714 , legislatorem id omnino spectare jubet, ut rei publicæ opes sint diuturnæ.

Pag. 146, versu 6.

Virorum excellentium multitudo.

Legesis Augustinum , Civ. Dei lib. XVIII.

Pag. 146, versu 11.

Si Pœnos, si hæc.....

In lacunâ enumeraverat Cicero politicorum, præsertim romanorum, copiam; cui codicis defectui medetur quodammodo ipse auctor, de Or. I. 2, 48; III. 33, præsertim vero, Nat. D. II. 66; quos locos qui leget magnum hujus lacunæ solamen inveniet. Est autem hæc quoque Platonis imitatio, apud quem, Rei Pub. II. p. 366, mos Socratis aliorumque philosophorum fuisse dicitur, ut justitiæ laudationem a priscis heroibus exordirentur.

Pag. 146, versu 13.

Me improbitatis patrocinium suscipere vultis.

Invidiam in re simili deprecantur apud Platonem, Glauco, Rei Pub. II. p. 361, et Socrates, V. p. 451.

Pag. 146, versu 18.

Exemplum antiquæ probitatis et fidei.

Imitatio rursus Platonis est, Rei Pub. II. p. 368. Philus inter viros bonos apud Cic. de Am. vi. Is fidei causâ Mancinum dedidit Numantinis.

Pag. 148, versu 4.

Et me oblinam sciens.

More eorum qui aurum in fluviis quærunt, aut

metalla tellure effodiunt. Confer Silium, I. 231, et Statium, Silvar. IV, 7, 15.

Pag. 148, versu 6.

Justitiam quæramus, rem multo omni auro cariorem.

A Platone hæc sunt, Rei Pub. I. p. 336 : Εἰ μὲν χρυσίον ἐζητοῦμεν.... δικαιοσύνην δὲ ζητοῦντας, πρᾶγμα πολλῶν χρυσίων τιμιώτερον.

Pag. 148, versu 10.

Ea dicenda sunt L. Furio Philo, quæ Carneades.

Sequentem orationem contra justitiam totam a Carneade sumpsisse Tullium ait libere Lactantius, Inst. V. 17 : « Adeo-ne justitiam, o Furi, vel po- « tius, o Carneade, cujus est illa omnis oratio, etc. » Sed tamen inferius quædam sunt, quæ a Carneade dici non potuerunt. Carneadis mors refertur ab Apollodoro apud Laërtium, IV. 9, 7, ad annum quartum olympiadis CLXII, quo fere ipso anno de re publicâ disputabatur. Ejusdem eloquentiam laudaverunt in suis historiis Polybius et Rutilius, teste Gellio, VII. 14, quorum historicorum scripta non ignoravit Cicero. Denique Phili copiosam disputationem contra justitiam legebat Seneca, ep. CVIII.

Pag. 150, versu 1.

Alter autem de ipsâ justitiâ.

Sermo est de Platone et de Aristotele, ut co-

gnoscimus e prædictis Lactantii locis, prætereaque
ex eodem Lactantio, Iust. V. 17. Plato quanta
scripserit de Justitiâ videmus : Aristotelis autem
libri de Justitiâ quatuor noti sunt ex Laërtio, V.
12; aliisque auctoribus.

Pag. 150, versu 3.

Nam ab Chrysippo nihil magnum nec magnificum.

Chrysippi ingenium et elocutionem novimus ex
Cic. Fin. IV. 3, Nat. D. III. 10; Front. de Or. I. 1;
Hier. in Ruf. I. 16, 30. Chrysippi libros περὶ
Δικαιοσύνης et περὶ Δικαίου et περὶ Πολιτείας ex Laërt. VII.
11; Plut. de Repub. stoic.; Sext. Emp. III. 205,
246, et in Eth. 192, 193, quo postremo loco in
notis Fabricius Chrysippi libros de Justitiâ ad-
junctos fuisse libris ejusdem de Rep. existimat.
Merito autem in oratione carneadeâ mentio Chrysippi fit : Carneadis enim cum Chrysippo dispu-
tationes notissimæ sunt ex Cic. Tusc. IV. 24; Val.
Max. VIII. vii; August. in Crescon. I. 24. Chrysippi autem repugnantias non secus atque Carneadis scribit Plutarchus prædictus. Graphicam
justitiæ imaginem ipsis Chrysippi verbis scribit
Gellius, xiv. 4, quem locum artifices, qui Themin
pingunt, utiliter legent.

Pag. 150, versu 7.

Eam virtutem, quæ est una, si modo est.

Scilicet justitiam, quam Plato, Rei Pub. I.

p. 351 , sapientiæ et virtutis ipsius nomine appellat. Lactantius, epit. LV , justitiam a sapientiâ non distinguit.

Pag. 152, versu 7.

Sed eorum et voluntatem et copiam causa vicit.

Lactantius, Inst. V. 17 , hunc locum exprimit : « Plato et Aristoteles honestâ quidem voluntate « justitiam defendere cupierunt , effecissentque « aliquid, si conatus eorum bonos , si eloquen- « tiam, si virtutem animi et ingenii , etc. Itaque « opus illorum inane atque inutile jacuit. »

Pag. 152, versu 8.

Civile est aliquod , naturale nullum.

Confer Hieronymum in Jovin. II. 17 ; imo vero potius Lactantium , Inst. VI. 9, qui huic iniquæ sententiæ contradicit. « Cur per omnes populos « diversa et varia jura sunt condita , nisi quòd « unaquæque gens id sibi sanxit, quod putavit re- « bus suis utile ? »

Pag. 152, versu 10.

Sic essent justa et injusta eadem omnibus.

Eadem est observatio Platonis in Minöe, p. 315; nec non Horatii , Sat. I. III. 113. Sed verius ab Augustino in ps. 1c. 5 , dicitur sicut oculus album et nigrum , ita homo æquitatem iniquitatemque discernere.

Pag. 152, versu 13.

Alitum anguium curru.

Videtur locus e Pacuvii Medo. Nunc autem
haud dubio indicio ad Pacuvium referendus est se-
narius ille qui ex incerto poëtâ profertur a Cic. de
Invent. I. 19 :

Angues ingentes alites juncti jugo;

quem versum spectat Philus hæc loquens. Fabula
Medi est apud Hyginum, xxvii, ubi Medea curru
junctis draconibus supervenit.

Pag. 152, versu 13.

Varias gentes et urbes despicere.

Mores gentium varios, qui hic sequuntur, multo
copiosius scribunt Hieronymus, in Jovin. II. 7,
sqq. et Sextus, III. 24, et contra Eth. 190, sqq.
quos auctores haud pœnitendo cum fructu ii legent qui naturali civilique historiæ student. Est
item insignis locus Herodoti, III. 38.

Pag. 154, versu 5.

Belluas numero consecratas deorum.

Rem apud veteres auctores exploratissimam
confirmant magnopere pictæ tot papyri, quas docti
peregrinatores in Europam ex Ægyptiorum sepul-
cris fanisve devehunt, aut in suis ephemeridibus
exprimunt. Genus id ægyptiacorum studiorum nos

ipsi posthinc cumulaturi sumus, edendis vaticanis, 'quas lithographico prelo paramus, papyris
cum idoneâ notitiâ. De origine belluini cultûs in
Ægypto Lact. Inst. II. 13; Cic. Nat. D. 1. 36.

Pag. 154, versu 10.

Deos.... inclusos parietibus contineri nefas esse duceret.

Rem narrat Cicero, etiam Leg. II. 10. Sententiam vero copiose versat Arnobius, lib. VI; prætereaque Lact. Inst. II; Cyprianus, de Idol. van.;
Varro et Seneca, apud Augustinum, Civ. Dei, IV.
9, 31; VI. 10; Macrob. Somn. I. 2; Tacitus, de
Mor. Germ. ix, et Hist. V. 5; Plut. in Num. viii.
Insulsa cæteroqui Xerxis illa sententia fuit.

Pag. 154, versu 17.

Documentum Persarum sceleris sempiternum.

Decretum hoc Græcorum memorat Pausanias,
X. 35, additque illius causam eamdem quam Cicero : Ἐς τὸν πάντα ὑπολείπεσθαι χρόνον τοῦ ἔχθους
ὑπομνήματα.

Pag. 154, versu 20.

Homines immolare.... diis immortalibus gratissimum.

Dianæ in Tauride, Busiridis in Ægypto quis
nescit aras? De Gallorum Pœnorumque humanis
sacrificiis Ennius, apud Festum, voc. *puelli*; Plato
in Minoë, p. 315; Dionys. I. 38; Strabo, IV. p. 303;
Diodor. V. 31, 32; Clitarch. apud Suidam, voc.

σαρδώνιος γέλως ; Lactant. Inst. I. 21 ; August. Civ. Dei, VII. 19 ; Oros. IV. 6, 21 ; Servius, Æn. III. 57. Auctorum horum a me observatorum agmen claudat Minucius, cap. xxx, cum multis auctoribus aliis qui ibidem in notis citantur.

Pag. 156, versu 1.

Cretes et Ætoli latrocinari honestum putent.

Ætolorum legem prædandi firmissimam recitat Polybius, XVII. 4, IV. 3. Idem ait, VI. 46, apud Cretenses nullum turpe putari lucrum. Generatim hanc iniquam prædandi sententiam tribuit priscis hominibus scholiastes ambrosianus a me editus ad Hom. Odyss. III. 73 ; XIV. 230.

Pag. 156, versu 1.

Quos spiculo possent adtingere.

Dicti hujus laconici testis Plutarchus, Apoph. lac. t. vi. p. 819, et Quæst. rom. t. vii. p. 83. Idem prope dictum tribuitur Pittaco a Plut. Rei Pub. ger. pr. t. ix. p. 265, et Lysandro atque Agesilao, Apoph. lac. et reg. p. 721, 791, 855. Quin et Romulus, ut observat Plutarchus, nullos terminos agro posuit ut Romanis liceret progredi ; Numa vero rex justus agrum limite finivit. Plut. Num. xvi.

Pag. 156, versu 5.

Suam esse terram, quæ olcam frugesve ferret.

Pars hæc erat jurisjurandi epheborum : Ὅροις

13.

χρήσασθαι τῆς Ἀττικῆς, πυροῖς, κριθαῖς, ἀμπέλοις, ἐλαίαις.
Hanc vero particulam sapienter animadvertit Petitus in Plutarcho, Alcib. **xv**, addiditque reliquæ formulæ, quæ extabat apud Pollucem atque Stobæum. Rem modo confirmat Cicero.

Pag. 156, versu 10.

Quò pluris sint nostra oliveta nostræque vineæ.

Notanda hæc Romanorum severitas, quæ tamen diutius non videtur perseveravisse. Utique multo post Domitianus in provinciis extra Italiam multum vinetorum succidi jussit. Suet. in eo, cap. **vii**; quam legem sustulit Probus; Vopisc. in eo, cap. **xviii**. Vim legum ejusmodi gentes aliquot novi orbis nuperius passæ sunt. Sævitiâ Romanos Pœni excesserunt, dum omni cultu ac satione Sardiniæ interdixerunt, ut ait Aristoteles, Mir. aud. p. 708.

Pag. 156, versu 12.

Discrepare ab æquitate sapientiam.

Rem explicat Lactantius, Inst. V. 14, et Epit. **lvii**. Contradicit Cicero, Off. II. 3, 9; III. 15, et Socrates, apud Xenoph. Memor. III. 5, 9. Plato quidem, apud Cic. Off. I. 19, scientiam a justitiâ remotam, calliditatem potius quàm sapientiam ait esse appellandam.

Pag. 156, versu 14.

Agros locupletium plebi ut servitio colendos dedit.

Helotis scilicet.

Pag. 158, versu 3.

Nondum voconiâ lege latâ.

Lata est voconia lex anno urbis DLXXXV, id est quadragesimo ante hunc de Re Publicâ dialogum, Manilio tum adolescente.

Pag. 158, versu 6.

Cur virgini vestali sit heres?

Ipse Numa, ut ait in ejus vitâ, cap. x, Plutarchus, vestalibus, vivente etiamnum patre, testamentum condere concessit. Adde Caium, I. 145.

Pag. 158, versu 9.

Mea triciens non posset.....

Ergo filia Crassi, quòd unica esset, potuit hereditatem vel maximam adire; contra Phili, qui alios heredes suos haberet, filiæ ne multo quidem minorem cernere licuit. Adde Cic. in Verr. I. 41 : « P. Asellus, cùm haberet unicam filiam, neque « census esset; quod eum natura hortabatur, lex « nulla prohibebat, fecit, ut filiam bonis suis he- « redem institueret. Heres erat filia; faciebant « omnia cum pupillâ, legis æquitas, voluntas pa- « tris, edicta prætorum, consuetudo juris ejus, « quod erat tum cùm Asellus est mortuus, etc. » Operæ autem prætium erit cognoscere quæ ibidem Asconius de censis dicit, nec non ipse Cicero in eâdem oratione, cap. XLIII, et Dio, LVI. 10. Rursus aliam controversiam de filiæ hereditate juxta legem voconiam exponit. Cic. Fin. II. 17. Voconiam adhuc vocat ad partes Plinius, Pan. cap. XLII; sed eamdem suâ jam ætate oblitteratam dicit Gellius, xx. 1. Denique Phili adversus hanc legem criminationes vix dubito quin Lælius contrariâ oratione specialiter dissolverit, partes Catonis tuens, qui olim eam legem voce magnâ et bonis lateribus suaserat. Cic. de Sen. cap. v.

Pag. 158, versu 12.

. . . . sanxisset jura nobis.

Acephala sententia refertur ad prædictos populorum varios mores, mutatasque pro temporibus leges.

Pag. 158, versu 15.

An quæcumque eruut?

Imitatur Cicero Platonem, Rei Pub. I. p. 339 : Νόμους τοὺς μὲν ὀρθῶς τιθέασι, τοὺς δέ τινας οὐκ ὀρθῶς· ἃ δ' ἂν θῶνται, ποιητέον τοῖς ἀρχομένοις.

Pag. 160, versu 2.

Eam justitiam sequi quæ sit, non eam quæ putetur?

Hæc uberius disputat Cicero, Leg. I. 15, sqq. ubi naturale jus magnopere asserit.

Pag. 160, versu 7.

Pythagoras et Empedocles.

Pythagoram copiose declamantem contra cæ-

dem esumque animalium facit Ovidius, Metam.
XV. 75, sqq. Addi et Juvenal. xv. 173; Servium,
Æn. X. 564. Empedoclis eâdem de re carmina refert Sextus Emp. IX. 129; quia scilicet ille me-
tempsychoseos opinioni adhærebat, ut ait Proclus
a me sæpe laudatus.

Pag. 160, versu 10.

Scelus est igitur nocere bestiæ.

A pythagoricâ sententiâ longe abest Cicero, Leg.
1. 8 : « Perspicuum est pecudes partim esse ad usum
« hominum, partim ad fructum, partim ad ves-
« cendum procreatas. » Sane inter veteres controversia hæc fuit famigerata. Confer Senecam,
ep. cviii; Plutarch. περὶ Σαρκοφ; Porphyr. de Esu
animalium; Hier. in Jovin. II. 7, ep. cvii. 8, et in
suppositâ monachorum regulâ, cap. xii; August.
de Mor. Manich. II. 28, 36, sqq. et de Hæres. xlvi.
Quæstionem inter recentiores copiose tractavit
Pufendorfius de Jur. nat. et gent. IV. 3. Solutio vero
præcipua est, quòd inter homines et bruta nullum
jus intercedit, ut jamdiu observavit Sextus Emp.
contra phys. IX. 13o, frustra admodum recla-
mante Porphyrio.

Pag. 162, versu 12.

Imperia, regna, vel privatis vel populis.

Nempe *efficiuntur*. Hoc argumento late utitur
Plato contra justitiam, Rei Pub. I. 338, sqq. Sic
loquitur Juvenalis, i. 74, xiv. 207. Graviter vero

Hieronymus in Hierem. II. 5, 26, et in ps. LXXXIII:
« Philosophorum sententia est : omnis dives aut
« iniquus aut heres iniqui. »

Pag. 164, versu 6.

Cujus imperio jam orbis terræ tenetur.

Africani scilicet, Paulo geniti, ætate, victo Per-
seo, deletis Corintho et Carthagine, Hispaniâ do-
mitâ, tot aliis provinciis occupatis, ut observat
Polybius, Hist. præf.

Pag. 164, versu 10.

Qui in populum vitæ necisque potestatem, etc.

Ita quidam apud Platonem, Rei Pub. II. p. 366:
Ὁ πρῶτος εἰ δύναμιν ἐλθών, πρῶτος ἀδικεῖ.

Pag. 166, versu 9.

Quasi pactio fit inter populum et potentes.

Lactantius, Epitom. cap. LIX: « Leges sibi ho-
« mines condiderunt pro utilitate communi, ut se
« interim tutos ab injuriis facerent. » Legantur
reliqua in eo Lactantii articulo, quæ fortasse tulliana sunt.

Pag. 166, versu 15.

Optimum est facere impune, si possis.

Contradicit Plato, ep. VII. p. 335.

Pag. 166, versu 17.

Miserrimum digladiari semper.

Exscribitur prope Plato, Rei Pub. II. p. 358.
Sic Epicurus apud Lactantium, Inst. III. 17 : « Sa-
« pientis est male facere, si et utile sit et tutum. »

Pag. 168, versu 2.

Timentes hoc interdictum justitiæ ne quando existeret.

Verba interdicti ex Caio, IV. 155, cognos-
cuntur hæc : « Uti possidetis, quæ neque vi, ne-
« que clam, neque precario alter ab altero possi-
« detis. » Id se publice populis interdiceretur,
cedendum esset de possessione omnibus, qui alie-
nam regionem invaserunt. Itaque soli Aborigenes
in possessione manerent. Hinc Arcades et Athenienses semet αυτοχθόνας appellaverunt ; quam scilicet horum populorum prærogativam memorant
Ovidius, Fast. II. 289 ; Statius, Theb. IV. 275 ;
Servius, Georg. II ; Censorinus, cap. vi ; Suidas,
voc. Α'θῆναι et voc. Φαρεκ. Λ'Θ. Confer etiam Pausa-
niam, V. 1. Aliter Livius, I. 8 : « Vetere consilio
« condentium urbes, qui obscuram atque humilem
« conciendo ad se multitudinem, natam e terrâ
« sibi prolem ementiebantur. » Hinc illa locutio
terræ filius. Aliter idem Censorinus, de Arcadibus,
cap. xix.

Pag. 168, versu 4.

Tamquam hos ex arvis musculos.

Disputatur scilicet in prato (lib. I. 12) ubi mus-

culi conspici poterant; sicuti a disputantibus,
Acad. IV. 25, spectatur e littore navis. Hîc vero
loquitur Cicero ex eorum physicorum sententiâ ,
qui musculos terrâ genitos putabant, e quibus est
Sextus Emp. I. ff. 41 : quo loco Fabricius post
τὰ δ'ἐκ γῆς gregie supplet ὡς μῦς , quam conjec-
turam nunc mire confirmat Cicero. Opinionem
rejicit Lactantius, Inst. II. 8, ff. 37. Homines in
omnibus terris et agris tamquam vermiculos aut
fungos esse generatos , stulta stoicorum et nominatim Democriti apud Lactantium , VII. 4 et 7,
sententia est.

Pag. 168, versu 8.

Quem apertum et simplicem volumus esse.

Ἄνδρα ἁπλοῦν καὶ γενναῖον , ut loquitur Plato, Reip.
II. p. 361 , quocum Cicero consentit etiam in sequentibus. Confer super hâc definitione Lactantium , Inst. VI. 12; Cic. Off. III. 13. Epicureos
« viros bonos » appellat Cicero, Leg. I. 7.

Pag. 170, versu 1.

Vacua metu. . . . vita bonorum virorum sit.

Confer Cic. Leg. I. 14. Sine dubio autem hîc
Cicero loquitur de epicureis , qui , ut ait Servius,
Egl. VI. 41 , in rebus etiam seriis semper insere-
bant voluptates : quippe isti idcirco virtutem cole-
bant ut vel voluptatem ex eâ caperent; vel certe
molestiarum causas vitarent. Quare et Cicero ,
Fin. II. 21 , de iisdem loquens pingit voluptatem

in solio, cui præsto essent virtutes, ut ancillulæ,
dicentes se quidem sic natas esse ut illi scrvirent,
aliud negotii nihil haberent. Lege etiam Augustinum, Civ. D. V. 20, XIX. 1; et serm. CL de
verbis act. Apost. Argumentum copiose versat
Plato; Leg. II. p. 662, sqq. Cyrenaici (sati scilicet voluptario Aristippo) conspirabant cum epicureis, teste Lactantio, Inst. III. 8 : « Aiunt cyre-
« naici, virtutem ipsam ex eo csse laudandam,
« quòd sit efficiens voluptatis. »

Pag. 174, versu 1.

De numantino fœdere.

Consul Philus anno urbis DCXVIII, quo Mancinus Numantinis deditus fuit. Consulis consilium
memorant Cicero, Brut. XXII, et Plutarchus, Cat.
min. cap. XLVIII. Commode autem curat Cicero,
ut Philus contra justitiam disserat, quippe qui
paulo ante fuerat auctor violandi fœderis numan-
tini, quâ re nihil injustius fieri potuit, Floro in
primis teste, II. 18.

Pag. 174, versu 5.

Alter acerrime se defendit.

Defendit se Pompeius Romæ in judicium postu-
latus a Numantinis de fœdere, quòd ille se fecisse
falso negabat. Appian. Bel. hisp. cap. LXXIX.

Pag. 174, versu 8.

Pompeius antistat.

Cic. Fin, II. 17 : « Non de improbo , sed callide
« improbo quærimus , qualis Q. Pompeius in
« fœdere numantino inficiando fuit. »

Pag. 174, versu 11.

Vel domum insalubrem ac pestilentem.

Eodem exemplo utitur Cicero , Off. III. 13.

Pag. 176, versu 5.

Si forte naufragium fecerit.

Idem exemplum usurpat Cic. Off. III. 23.

Pag. 178, versu 3.

Aliquam partem hujus nostri sermonis attingere.

Partes dialogorum horum præcipuas Cicero
contulit, ut nunc cognoscimus , in Scipionem,
Furium Philum, et Lælium, tres qui per idem
tempus , ut ait Porcius (Donat. vit. Terent.) agi-
tabant nobiles.

Pag. 178, versu 6.

Ne desis omnes te rogamus.

Lælium rogatum esse ab omnibus ut justitiam
defenderet, ait Augustinus in epitome tertii libri.
Est autem id quoque a Platone, apud quem, Rei
Pub. II. p. 368, omnes orant Socratem ut pro

justitiâ dicat. Porro ad Lælium cognomento sapientem apte defertur patrocinium justitiæ, quam
Philus stultitiæ insimul averat.

Pag. 178, versu 11.

Oratio est tamen immanis.

Hæc esse Lælii verba suspicor exordientis de
Carneade loqui, qui causâ exercitationis justitiam
oppugnaverat. Et quidem Carneades spurce locutus dicitur a Cicerone, ad Atticum, VII. 2 ; a
Quintiliano tamen, Inst. XII. 1, haud injustus vir
fuisse existimatur, licet contra justitiam perora-
verit, quam pridie defenderat. Quod autem ait
auctor minime audiendum juventuti romanæ Carneadem, id exemplo Catonis fit, qui hunc ipsum
quamprimum Româ censuit dimittendum. Plin.
VII. 30. Sed tamen superius, cap. v, de Chrysippo quoque sermo fuit, contra quem haud scio
an hæc verba dici potuerint. Turpia enim in suis
politicis scripsisse Chrysippum ait Sext. Emp. III.
205, 246; XI. 193; nec non Plutarchus, de
Stoic. repugn. t. x, p. 318.

Pag. 178, versu 14.

Constans, sempiterna.

Contra caput primum disputationis carneadeæ
de juris inconstantiâ. Justitiæ legem esse æter-
nam et universalem platonica sententia est.

Pag. 184, versu 3.

.... Asiâ Ti. Gracchus.

« Jam Gracchus locabat Asiam, » inquit Fronto, ad Ver. II. 4. Attali quoque pecuniam populo concedendam Gracchus decrevit. Atque hæc fortasse consilia ejus videntur justa fuisse. Perseveravit justitiam Gracchus erga cives ; dum agrum contra legem Liciniam a divitibus possessum plebi divideret. Iniquus vero fuit in socios et in Latinos quibus agrum ad divisionem eripiebat, juste ab iis possessum, quippe quem bello acquisitum populus romanus imposito vectigali iis reddiderat. Ipse Lælius, ut ait Plutarchus in Tib. Gr. VIII, agrum, quem invaserant divites, plebi dividere tentaverat ; a quo tamen conatu destitit majoris damni metu, unde et sapiens ob hanc prudentiam dictus fuit.

Pag. 184, versu 8.

Qui... voluntate nobis obediunt, terrore teneantur.

Laudem civilem huic vitio contrariam tribuunt Romanis Propertius, III. XXII. 21 ; et Rutilius, I. 69, sqq.

Pag. 184, versu 11.

Quæ poterat esse perpetua.

Contradicunt huic æternitati Hieronymus, in Ezech. prol. lib. III ; Augustinus, serm. CV. 10 ; Lactantius, Inst. VII. 14.

Pag. 186, versu 1.

Si patriis viveretur institutis et moribus.

Numerosa et gravis conclusio ! quæ scopum quoque declarat politici hujus operis, nempe ut cives romani « ad mores pristinos revocarentur; » qui fuit item titulus orationis quam ipse Scipio in censurâ recitavit. Gell. iv. 20, v. 19. Augustinus, Civ. D. II. 21, ait : « Induxit Cicero hanc de « re publicâ disputationem, quando præsentie- « batur ea corruptione, etc., jam jamque pe- « ritura. » Lege Velleium, ii. 1 ; Plinium XXXIII. 11, eumdemque Augustinum, Civ. D. I. 30, II. 18. Hoc cecinit vaticinium noster ipse Africanus, ut ait Suidas, voc. Σκιπίων et χρησμός. Quin adeo Lælius apud Cic. de Am. xii, cum genero utroque loquens ait : « Eo loco, Fanni et « Scævola, locati sumus, ut nos longe prospicere « oporteat futuros casus rei publicæ : deflexit enim « jam aliquantulum de spatio curriculoque consue- « tudo majorum. »

Pag. 186, versu 4.

Significabant ab eo se esse admodum delectatos.

Auctoris hic plausus satis commendat splendorem læliani sermonis de justitiâ, quem alibi dilaudat idem Cicero, de Am. vii, et Seneca, ep. cviii. Cur ergo Lactantius, Inst. V. 17, criminatur Lælium, ceu parum plene Furio responderit? eâdem scilicet libertate quâ, Opif. D. cap.

1 , acturus de animæ corporisque ratione, valde elevat quidquid eâ super re non semel Cicero scripsit.

Pag. 186, versu 8.

Servium Galbam collegam nostrum.

Puta in auguratu.

Pag. 186, versu 9.

Quem tu quoad vixit omnibus anteponebas.

Galbam sibi quoque Lælius anteposuit, Cic. Brut. xxii. Cessisse Galbæ omnes æquales ipsumque adeo Catonem ait idem Cicero, Brut. xcvii.

Pag. 186, versu 15.

Cùm crudelitate unius oppressi essent universi.

Non sine causâ Africanus in politicis rebus Agrigentinorum diutius versatur, quippe Africanus (minor-ne an potius major?) horum rem publicam constituerat. Certe leges Scipionis de æquitate in cooptando Agrigentinorum senatu profert Cicero, in Verr. II. i. Id ipsum in lacunâ commemoratum fuisse existimo. Quin adeo ante politicam Agrigenti descriptionem, species ipsa urbis (uti mox Syracusarum et Athenarum) laudata fuit, ut reor, ex Polybio videlicet, IX, 27; cùm præsertim ipse Scipio urbem exornavisset. Cic. in Verr. II. 2, IV. 33.

Pag. 188, versu 2.

Portus usque in sinus oppidis.

Constabant scilicet Syracusæ pluribus oppidis, quorum in sinus mare infundebatur.

Pag. 188, versu 5.

Dionysio tenente, ut esset illa res publica.

Corruptam Dionysii tyrannide pulchram Syracusarum speciem ait etiam Seneca, Cons. ad Marc. cap. XVII; de quâ urbe lege, si vacat, Tullium, in Verr. IV. 52, 53, V. 27, Florum, II. 6. Confer etiam Aristotelem, Rei Pub. V. 3, 4; Plutarchum, in Timoleonte.

Pag. 188, versu 7.

Ibi non vitiosam, ut heri dicebam. . . .

Recole de Repub. I, II.

Pag. 188, versu 9.

Dicendum est plane nullam esse rem publicam.

Recole Augustini summarium.

Pag. 188, versu 18.

Triginta viri illi urbi injustissime præfuerunt.

Confer Senecam similiter loquentem, de Tranq. cap. III.

Pag. 190, versu 1.

Porticus, aut propylæa nobilia, aut arx.

De his Athenarum ædificiis Pausanias, I. 8, 14, 22; Plutarchus in Pericle; Dio Chrys. orat. περὶ Τυραννίδος; Cicero, off. II. 17. De arce Athenarum opus scripserat Polemo, teste Athenæo, XI. 11, XIII. 6; item Heliodorus periegeta, teste Suidâ, voc. νίκη ᾿Αθ. Imo idem Suidas, voc. προπύλαια, verba Heliodori refert dicentis propylæa illa absoluta fuisse quinquennio, impensis in opus talentis bis mille duodecim, portis quinque ad arcem patefactis.

Pag. 190, versu 10.

Venio nunc ad tertium genus illud.

Præcedente in lacunâ dictum fuit de tyrannide; mox dictum videmus de factione optimatum; nunc denique dicendum superest de effreni potestate populi.

Pag. 192, versu 10.

Sed est tam tyrannus iste conventus.

Recole Augustini summarium.

Pag. 192, versu 14.

Furiosorum bona legibus in adgnatorum potestate.

Legem xii Tabularum habemus apud auctorem operis ad Herennium, I. 13, et apud Cic. de Invent. II. 50 : « Si furiosus est, adgnatorum genti-

« liumque in eo pecuniâque ejus potestas esto. »
Confer tamen, Digest. I. v. 20.

Pag. 194, versu 8.

Genus vitiosissimæ rei publicæ tertium.

Liberius populi dominium, quod græce dicitur
ὀχλοκρατία, a veteribus politicis passim improba-
tur. Instar omnium sit Polybius, VI. VII. 57 : Τῶν
μὲν ὀνομάτων τὸ κάλλιοστον ἡ πολιτεία μεταλήψεται, τὴν
ἐλευθερίαν καὶ δημοκρατίαν· τῶν δὲ πραγμάτων τὸ χεί-
ριστον, τὴν ὀχλοκρατίαν. Xenophon quoque in ath.
politiâ passim abominatur et subsannat popularem
potestatem.

Pag. 196, versu 12.

Rhodiorum, apud quos nuper fuimus una.

Loquitur Scipio de suâ legatione ad inspicienda
sociorum regna, in quam ivit anno ante obitum,
nempe urbis DCXXIV, de quo tempore lege adno-
tata a Reiskio ad auctores græcos, t. II. p. 477,
ex Simsonio scilicet ; cui frustra adversatur
Schweighæuserus ad Polyb. t. v. p. 15. Jam Sp.
Mummius fuisse Scipioni comes dicitur quoque a
Justino, XXXVIII. 8, qui et Metellum adjungit.
At Victor, cap. LVIII. dat Scipioni comitem Lælium ; Plutarchus Panætium. Eadem discordia auctorum est in attribuendis Scipioni eo in itinere
servis : nam Victor dat duos, Plutarchus et Athenæus quinque, Valerius, IV. III. 13, septem.

II.						14

Pighius vero, Plutarchi verbo τρίτον (Apoph. tom.
VI. p. 756), sapienter innixus tres fuisse lega-
tiones Scipionis existimat : quâ in sententiâ facile
est discordiam scriptorum conciliare.

Pag. 198, versu 5.

Tantum poterat tantique erat quanti multitudo.

Hanc rhodiacæ rei publicæ descriptionem, accuratam oppido neque alibi obviam, studiosi politici cum fructu notabunt. Oligarchiam aliis
temporibus fuisse Rhodi diximus, lib. I. in notis.
Sed tamen Dio Chrysostomus in rhodiacâ oratione
adhuc eam urbem ut populari statu utentem allo-
quitur; nec non Aristides in secundâ rhodiacâ,
præsertim p. 385 ed. Canteri.

FIN DU TOME SECOND.